국민대학교 국제교육원
Institute of International Education
Kookmin University

국민 한국어 3-1

STUDENT'S BOOK

MP3, 별책 부록 포함

국민대학교 국제교육원
https://iie.kookmin.ac.kr/ko/main

국민 한국어 3-1
KOOKMIN KOREAN

국민대학교 국제교육원 한국어교육센터 편

초 판 1 쇄 2019년 6월 15일
초 판 2 쇄 2020년 11월 12일
초 판 3 쇄 2023년 3월 3일

편 집 인 국민대학교 국제교육원
집 필 진 이효정, 최수현, 반소연, 이경진, 정주희
감 수 이동은, 정연희

발 행 인 임홍재
발 행 처 국민대학교 출판부
등 록 1975년 6월 17일 제6-33호
주 소 서울특별시 성북구 정릉로 77
전 화 02-910-4242
팩 스 02-910-4240

인 쇄 삼아인쇄사
전 화 02-2272-2126
삽 화 김시언
녹 음 (주)예성미디어
번 역 영어: 윤상석 중국어: 이설화

ISBN 978-89-7812-441-6
978-89-7812-440-9 (세트)

값 22,000원 (세트 44,000원)

☆ mp3 음원은 국민대학교 한국어교육센터(https://iie.kookmin.ac.kr/ko/main)에서 다운 받을 수 있습니다.

☆ 책이 나올 때까지 조언을 아끼지 않았던 국민대학교 선생님들, 행정 지원을 해 주신 국제교육원 교학팀 선생님들, 사진 촬영에 협조해 준 국민대학교 한국어교육센터 학생들, 그리고 이동은 국제교육원장님의 지원과 지지에 감사드립니다.

☆ 사진 게재를 허락해 주신 국민대 명원민속관(한규설 가옥)에 감사를 드립니다.

머리말

2019년 현재 한국어는 사용 인구 13위의 세계적인 중심 언어로 급성장하고 있으며, 한국 문화와 더불어 한국을 알리는 중요한 역할을 수행하고 있습니다. 이러한 맥락에서 한국어의 위상은 전세계적인 한국어의 학습 열풍과 함께 앞으로도 한층 높아질 것으로 전망합니다.

국민대학교에서는 2002년 3월부터 외국인을 위한 한국어교육을 시작하였으며, 2019년 5월 기준으로 세계 45개국 언어 문화권의 학습자들이 다양한 목적으로 즐겁게 한국어 능력을 기르고 있습니다. 이렇게 날로 증가하는 외국인 학습자들의 다변화된 요구를 반영하려는 노력의 일환으로 2012년부터 '국민 한국어'의 개발이 시작되었고, 이제 '국민 한국어 3'을 펴내게 되었습니다.

'국민 한국어 3'에는 그간 국민대학교 한국어교육센터가 축적해 온 교육 내용, 교수법 및 교육 자료의 연구·개발 성과가 새롭고 합리적인 방식으로 오롯이 담겨 있습니다. 이 교재는 다음과 같은 특성을 지닙니다.

첫째, 학습자가 접할 수 있는 실제적인 상황과 주제를 선정하였고, 외국어 습득에 중요한 시각 자료를 제공하여 학습자들의 인지 능력에 기반한 효과적인 학습이 이루어지도록 구성하였습니다.

둘째, 학습자의 말하기 능력을 중심으로 읽기, 듣기, 쓰기 능력을 균형 있게 향상할 수 있도록 하였으며, 흥미로운 활동 중심의 문법과 어휘, 표현을 사회적 영역에서 구현할 수 있도록 내용을 구성하였습니다.

셋째, 실제 수업을 하는 방법과 순서에 따라 단원을 구성함으로써 교수자와 학습자가 쉽게 교수·학습할 수 있도록 학습의 편의성을 도모하였습니다.

'국민 한국어 3'을 출간하면서 감사해야 할 분들이 참으로 많습니다. 우선 이 교재의 연구, 개발에 무한한 열정을 쏟아 주신 한국어교육센터의 이효정 교수님을 비롯한 교재연구개발팀 선생님들께 깊은 감사를 드립니다. 그리고 번역과 감수를 맡아 주신 여러 교수님들, 삽화를 맡아 주신 김시언 작가님과 편집을 멋있게 해 주신 국민대학교 출판부와 상지피앤아이, 교정과 교열을 해 주신 박근영 교수님과 여윤희 선생님, CD 제작에 도움을 주신 예성미디어 관계자 여러분께도 감사드립니다. 또한 교재 제작 전 과정에서 아낌없는 지원을 해 주신 한국어교육센터의 행정팀과 국민대학교 유지수 총장님께도 깊은 감사를 드립니다.

앞으로 '국민 한국어 3'을 통해 더 많은 학습자들이 한국어 능력을 높이고, 많은 한국어 교육자들의 관심을 불러일으켜 더욱 효과적으로 한국어를 가르칠 수 있기를 바랍니다. 아울러 이 교재가 한국어교육 발전사에 의미 있는 기여를 하게 되기를 기원합니다.

2019년 6월

국민대학교 국제교육원장 이 동 은

교재 구성과 사용법

국민 한국어 3-1은 한국어를 400시간 정도 배운 중급 학습자를 위한 교재로 다양한 공공시설 및 사회적 관계 유지에 필요한 표현을 배움으로써 의사소통 능력을 향상시키는 데 그 목적이 있다.

본 교재는 다음과 같은 특징이 있다.

- 사용 빈도나 난이도 연구를 통해 3급 학습자에게 적절한 수준의 주제와 어휘, 그리고 문형을 선정하였다.
- 다양한 연습과 활동을 통해 말하기, 읽기, 듣기, 쓰기 능력이 골고루 길러질 수 있도록 하였다.
- 실제 교사들이 수업을 진행하는 순서로 단원을 구성하여, 교수자와 학습자가 쉽게 교수·학습할 수 있도록 하였다.
- 학습자들이 흥미를 가질 수 있도록 다양한 시각적 자료를 제공하여 교재를 구성하였다.
- 한 급을 200시간 공부하는 기관에서, 2일(8시간)에 한 과를 공부할 수 있도록 구성하였다.
- 두 과를 공부한 다음에 쓰기 과제를 제시하여, 체계적으로 쓰기 능력을 향상할 수 있도록 하였다.

01 단원 구성

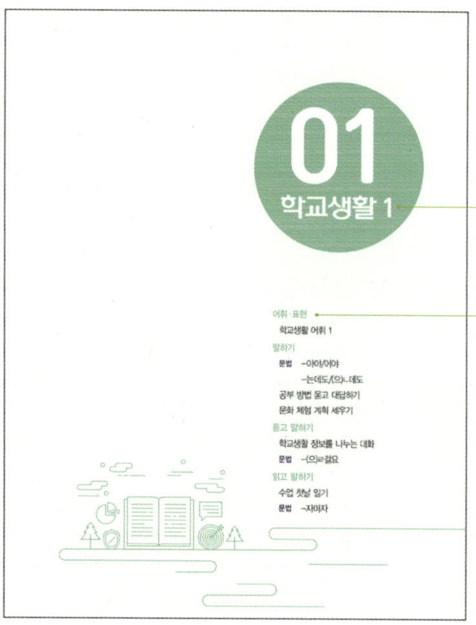

- 주제
  해당 과의 첫 부분에 학습자가 배울 내용을 인지할 수 있도록 주제를 제시하였다.

- 학습 목표
  해당 과에서 학습하게 될 어휘와 표현, 문법, 기능, 듣기와 읽기 장르 등을 정리하여 제시하였다.

02 준비

- **준비**

  해당 과의 주제에 대한 도입 기능을 하도록 구성하였다.

- **해당 삽화**

  준비 단계에서 도입 질문과 관련된 사진이나 삽화를 통해 한 과의 주제에 대해 이해하고 경험을 나누는 시간을 갖도록 하였다.

03 어휘·표현

- **어휘·표현**

  어휘·표현 단계에서는 다양한 연습을 통해 각 과의 주제와 관련된 핵심 어휘와 표현을 익히도록 하였다.

- **연습**

  연습 단계에서는 말하고, 읽고, 쓰는 다양한 활동을 통해 목표로 삼은 어휘를 습득할 수 있도록 하였다.

04 말하기 문법 1, 문법 2

- **말하기 문법**
  말하기 문법 단계에서는 대화를 수행함에 있어 필수적으로 필요한 문법을 제시하였다.
- **상황 삽화**
  목표 문법의 의미가 잘 드러나는 상황을 삽화로 제시하여 교사가 문법을 도입할 때 활용할 수 있도록 하였다.
- **기본 대화**
  목표 문법의 의미가 잘 드러나는 상황을 대화로 구성하여 제시하였다.
- **연습 1**
  목표 문법을 활용하여 간단하게 말하거나 묻고 대답할 수 있도록 문제를 구성하였다.
- **연습 2**
  목표 문법을 활용하여 확장해서 이야기할 수 있도록 구성하였다.

05 대화 1

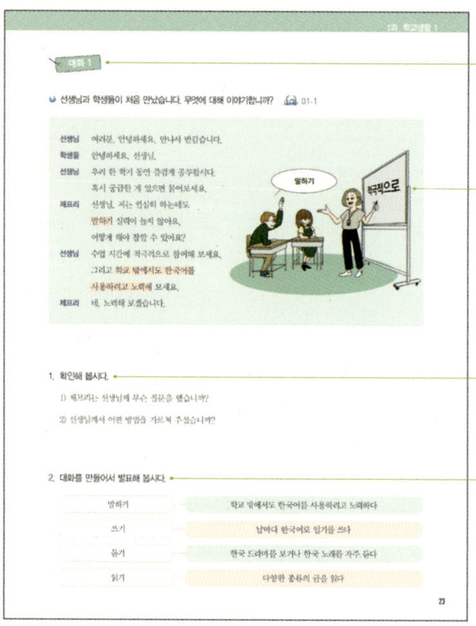

- **대화 1**
  대화 1에서는 앞에서 다룬 어휘와 문법을 활용하여 주제가 있는 대화를 할 수 있도록 구성하였다.
- **상황 삽화**
  대화 상황을 삽화로 제시하여 대화를 도입하고 이해하는 데 활용할 수 있도록 하였다.
- **확인해 봅시다**
  대화를 들은 후 대화 내용을 잘 이해했는지를 확인하는 질문을 삽입하였다.
- **대화를 만들어서 발표해 봅시다**
  주어진 단어나 표현으로 본문처럼 긴 대화를 구성하여 말하기 연습을 할 수 있도록 구성하였다.

06 대화 2

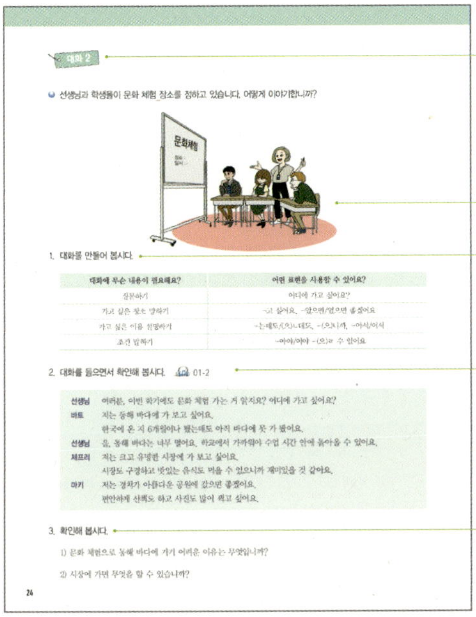
대화 2

선생님과 학생들이 문화 체험 장소를 정하고 있습니다. 어떻게 이야기합니까?

1. 대화를 만들어 봅시다.

대화에 무슨 내용이 필요해요?	어떤 표현을 사용할 수 있어요?
질문하기	어디에 가고 싶어요?
가고 싶은 장소 말하기	-고 싶어요, -았으면/었으면 좋겠어요
가고 싶은 이유 설명하기	-는데도/(으)ㄴ데도, -(으)니까, -아서/어서
조건 말하기	-아야/어야 -(으)ㄹ 수 있어요

2. 대화를 들으면서 확인해 봅시다. 01-2

선생님 여러분, 이번 학기에도 문화 체험 가는 거 알지요? 어디에 가고 싶어요?
바토 저는 동해 바다에 가 보고 싶어요.
한국에 온 지 6개월이나 됐는데도 아직 바다에 못 가 봤어요.
선생님 음, 동해 바다는 너무 멀어요. 학교에서 가까워야 수업 시간 안에 돌아올 수 있어요.
제프리 저는 크고 유명한 시장에 가 보고 싶어요.
시장도 구경하고 맛있는 음식도 먹을 수 있으니까 재미있을 것 같아요.
마키 저는 경치가 아름다운 공원에 갔으면 좋겠어요.
편안하게 산책도 하고 사진도 많이 찍고 싶어요.

3. 확인해 봅시다.

1) 문화 체험으로 동해 바다에 가기 어려운 이유는 무엇입니까?

2) 시장에 가면 무엇을 할 수 있습니까?

24

- 대화 2

대화 2에서는 대화 구조를 생각하면서 교사와 학생이 대화를 구성해 볼 수 있도록 하였다.

- 도입 질문과 상황 삽화

질문과 삽화를 통해 대화를 생성하는 데 도움을 줄 수 있도록 하였다.

- 대화를 만들어 봅시다

교사와 학생이 대화를 만들어 볼 수 있도록 사용할 수 있는 표현과 기능을 제시하였다.

- 대화를 들으면서 확인해 봅시다

대화를 듣고 교사가 만든 대화와 학생이 만든 대화를 비교해 보도록 구성하였다.

- 확인해 봅시다

대화를 들은 후 대화 내용을 잘 이해했는지를 확인하는 질문을 삽입하였다.

07 활동

1과 학교생활 1

활동

이번 학기에 무엇을 할지 계획을 세워 봅시다.

1) 이번 학기에 꼭 하고 싶은 것이 무엇입니까?

100% 출석하기 | 한국 친구 사귀기

2) 그것을 잘 할 수 있는 방법에 대해 이야기해 봅시다.

① 어떻게 해야 잘 할 수 있습니까?

② 무엇을 준비해야 합니까?

25

- 활동

해당 과에서 배운 주제, 문법과 어휘를 자연스럽게 활용할 수 있도록 다양한 과제 활동을 제시하였다. 학습자 스스로 과제를 완수하는 과정에서 원활한 의사소통 능력을 키울 수 있도록 구성하였다.

08 듣고 말하기

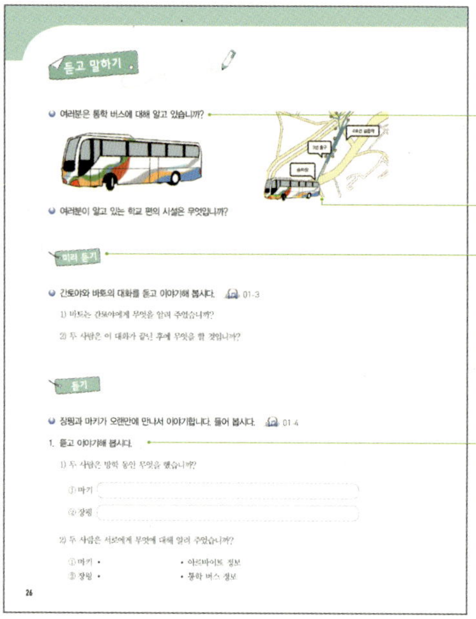

듣고 말하기

여러분은 통학 버스에 대해 알고 있습니까?

여러분이 알고 있는 학교 편의 시설은 무엇입니까?

미리 듣기

간토아와 바토의 대화를 듣고 이야기해 봅시다. 01-3

1) 바토는 간토아에게 무엇을 알려 주었습니까?

2) 두 사람은 이 대화가 끝난 후에 무엇을 할 것입니까?

듣기

장핑과 마키가 오랜만에 만나서 이야기합니다. 들어 봅시다. 01-4

1. 듣고 이야기해 봅시다.

1) 두 사람은 방학 동안 무엇을 했습니까?

① 마키

② 장핑

2) 두 사람은 서로에게 무엇에 대해 알려 주었습니까?

① 마키 • • 아르바이트 정보

② 장핑 • • 통학 버스 정보

26

- **도입 질문**
  듣기 전에 학습자의 경험을 상기시키는 도입 질문을 제시하였다.
- **삽화**
  듣기 내용과 관련되면서 듣기 이해에 도움이 되는 사진이나 삽화도 함께 제시하였다.
- **미리 듣기**
  본문 듣기와 관련된 주제를 도입하면서 동시에 새로운 어휘, 표현을 제시하는 짧은 듣기 단계를 구성하였다.
- **듣고 이야기해 봅시다**
  들은 내용을 전반적으로 이해했는지 확인할 수 있도록 하였다.

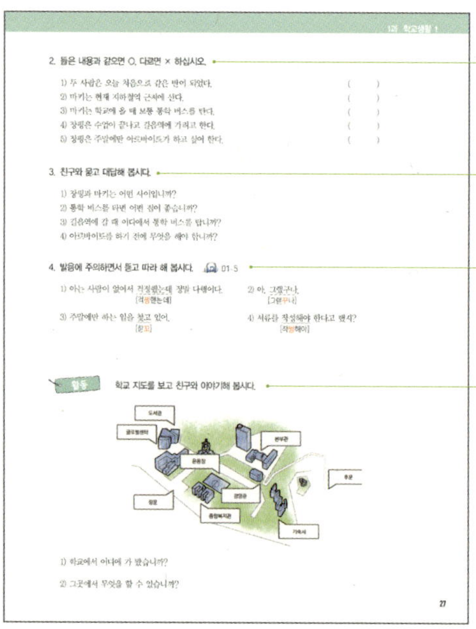

1과 학교생활 1

2. 들은 내용과 같으면 O, 다르면 × 하십시오.

1) 두 사람은 오늘 처음으로 같은 반이 되었다. ( )

2) 마키는 현재 지하철역 근처에 산다. ( )

3) 마키는 학교에 올 때 보통 통학 버스를 탄다. ( )

4) 장핑은 수업이 끝나고 잠실역에 가려고 한다. ( )

5) 장핑은 주말에만 아르바이트가 하고 싶어 한다. ( )

3. 친구와 묻고 대답해 봅시다.

1) 장핑과 마키는 어떤 사이입니까?

2) 통학 버스를 타면 어떤 점이 좋습니까?

3) 잠실역에 갈 때 어디에서 통학 버스를 탑니까?

4) 아르바이트를 하기 전에 무엇을 해야 합니까?

4. 발음에 주의하면서 듣고 따라 해 봅시다. 01-5

1) 아는 사람이 없어서 걱정했는데 정말 다행이다. [걱쩡했는데]

2) 아, 그렇구나. [그렇쿠나]

3) 주말에만 하는 일을 찾고 있어. [찾꼬]

4) 서류를 작성해야 한다고 했지? [작썽해야]

활동 학교 지도를 보고 친구와 이야기해 봅시다.

1) 학교에서 어디에 가 봤습니까?

2) 그곳에서 무엇을 할 수 있습니까?

27

- **들은 내용과 같으면 O, 다르면 X 하십시오**
  듣기 지문의 세부적인 내용까지도 이해했는지 확인할 수 있도록 하였다.
- **친구와 묻고 대답해 봅시다**
  들은 내용을 이해한 뒤 종합적으로 문장을 구성하여 질문하고 대답할 수 있도록 구성하였다.
- **발음에 주의하면서 듣고 따라 해 봅시다**
  듣기 내용에서 학생들이 어려워하는 발음을 함께 묶어서 제시한 뒤 연습하도록 하였다.
- **활동**
  들은 후에 관련된 주제에 대해서 말하거나 쓸 수 있는 실제적인 활동으로 구성하였다.

09 읽고 말하기

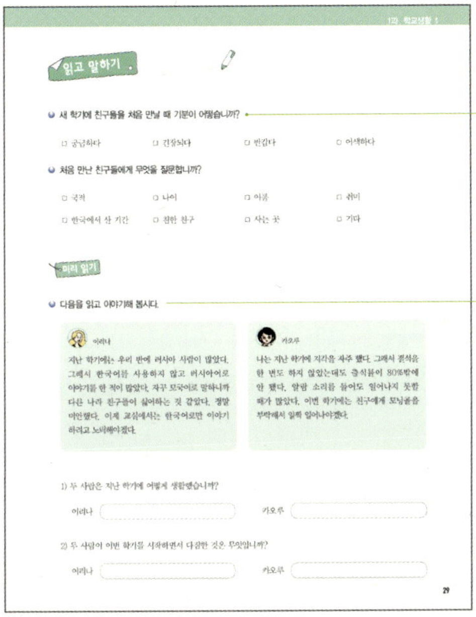

1과 학교생활 1

읽고 말하기

● 새 학기에 친구들을 처음 만날 때 기분이 어땠습니까?

□ 궁금하다 □ 긴장되다 □ 반갑다 □ 어색하다

● 처음 만난 친구들에게 무엇을 질문합니까?

□ 국적 □ 나이 □ 이름 □ 취미

□ 한국에서 산 기간 □ 친한 친구 □ 사는 곳 □ 기타

미리 읽기

● 다음을 읽고 이야기해 봅시다.

이리나

지난 학기에는 우리 반에 러시아 사람이 많았다. 그래서 한국어를 사용하지 않고 러시아어로 이야기를 한 적이 많았다. 자꾸 모국어로 말하니까 다른 나라 친구들이 싫어하는 것 같았다. 정말 미안했다. 이제 교실에서는 한국어로만 이야기하려고 노력해야겠다.

카오루

나는 지난 학기에 지각을 자주 했다. 그래서 결석을 한 번도 하지 않았는데도 출석률이 80%밖에 안 됐다. 알람 소리를 들어도 일어나지 못할 때가 많았다. 이번 학기에는 친구에게 모닝콜을 부탁해서 일찍 일어나야겠다.

1) 두 사람은 지난 학기에 어떻게 생활했습니까?

이리나 카오루

2) 두 사람이 이번 학기를 시작하면서 다짐한 것은 무엇입니까?

이리나 카오루

29

- **도입 질문과 삽화**

  읽기 전에 학습자의 경험을 상기시키는 도입 질문을 제시하였다. 그리고 필요하면 읽기 이해에 도움이 되는 사진이나 삽화도 함께 제시하였다.

- **미리 읽기**

  본문 읽기와 관련된 주제를 도입하면서 동시에 새로운 어휘, 표현을 제시하는 짧은 읽기를 제시하였다.

10 문법 3, 문법 4

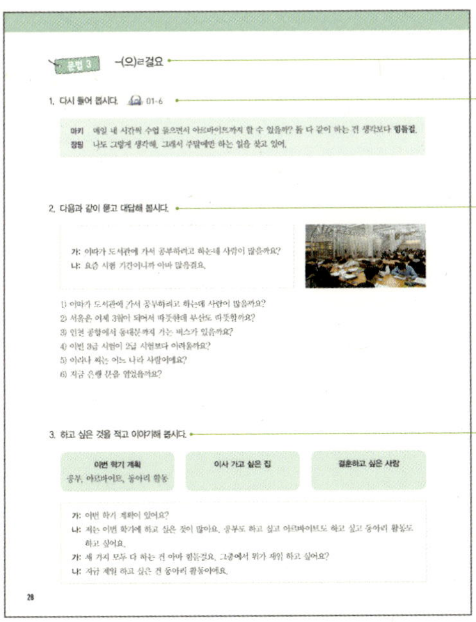

문법 3 -(으)ㄹ걸요

1. 다시 들어 봅시다. 01-6

마키 매일 네 시간씩 수업 들으면서 아르바이트까지 할 수 있을까? 둘 다 같이 하는 건 생각보다 **힘들걸.**

장밍 나도 그렇게 생각해. 그래서 주말에만 하는 일을 찾고 있어.

2. 다음과 같이 묻고 대답해 봅시다.

가: 이따가 도서관에 가서 공부하려고 하는데 사람이 많을까요?

나: 요즘 시험 기간이니까 아마 많을걸요.

1) 이따가 도서관에 가서 공부하려고 하는데 사람이 많을까요?

2) 서울은 이제 3월이 되어서 따뜻한데 부산도 따뜻할까요?

3) 인천 공항에서 동대문까지 가는 버스가 있을까요?

4) 이번 3급 시험이 2급 시험보다 어려울까요?

5) 이리나 씨는 어느 나라 사람이에요?

6) 지금 은행 문을 열었을까요?

3. 하고 싶은 것을 적고 이야기해 봅시다.

이번 학기 계획 공부, 아르바이트, 동아리 활동	이사 가고 싶은 집	결혼하고 싶은 사람

가: 이번 학기 계획이 있어요?

나: 저는 이번 학기에 하고 싶은 것이 많아요. 공부도 하고 싶고 아르바이트도 하고 싶고 동아리 활동도 하고 싶어요.

가: 세 가지 모두 다 하는 건 아마 힘들걸요. 그중에서 뭐가 제일 하고 싶어요?

나: 지금 제일 하고 싶은 건 동아리 활동이에요.

28

- **문법 3, 문법 4**

  듣기와 읽기 내용에 나온 문법 중에서 학습이 필요한 문법을 제시하고 연습할 수 있도록 하였다.

- **다시 들어/읽어 봅시다**

  듣기와 읽기 지문에서 목표 문법이 제시된 문장을 다시 듣고 읽으면서 맥락을 통해 문법의 의미와 기능을 이해하도록 하였다.

- **다음과 같이 묻고 대답해 봅시다**

  목표 문법을 활용하여 간단하게 말하거나 묻고 대답할 수 있도록 문제를 구성하였다.

- **이야기해 봅시다**

  목표 문법을 활용하여 친구와 대화하거나 길게 확장하여 이야기할 수 있도록 구성하였다.

11 쓰기 1

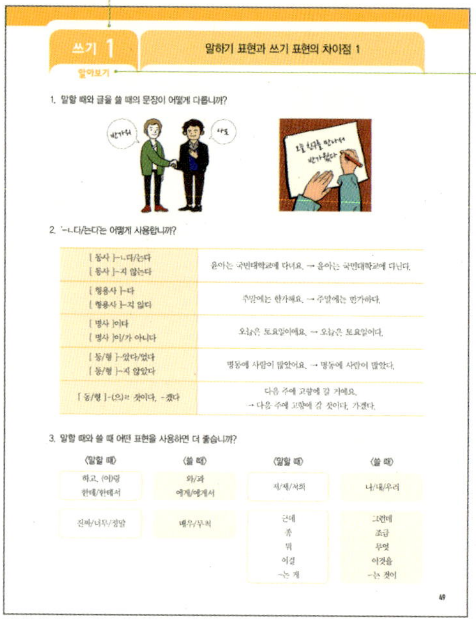
쓰기 1 | 말하기 표현과 쓰기 표현의 차이점 1

알아보기

1. 말할 때와 글을 쓸 때의 문장이 어떻게 다릅니까?

2. '-ㄴ다/는다'는 어떻게 사용합니까?

[동사]-ㄴ다/는다 [동사]-지 않는다	윤아는 국민대학교에 다녀요. → 윤아는 국민대학교에 다닌다.
[형용사]-다 [형용사]-지 않다	주말에는 한가해요. → 주말에는 한가하다.
[명사]이다 [명사]이/가 아니다	오늘은 토요일이에요. → 오늘은 토요일이다.
[동/형]-았다/었다 [동/형]-지 않았다	명동에 사람이 많았어요. → 명동에 사람이 많았다.
[동/형]-(으)ㄹ 것이다, -겠다	다음 주에 고향에 갈 거예요. → 다음 주에 고향에 갈 것이다, 가겠다.

3. 말할 때와 쓸 때 어떤 표현을 사용하면 더 좋습니까?

〈말할 때〉	〈쓸 때〉	〈말할 때〉	〈쓸 때〉
하고, (이)랑 한테/한테서	와/과 에게/에게서	저/제/저희	나/내/우리
진짜/너무/정말	매우/무척	근데 좀 뭐 이걸 -는 게	그런데 조금 무엇 이것을 -는 것이

49

- 쓰기

두 과를 마칠 때마다 '쓰기' 단계를 삽입하였다.

- 알아보기

'알아보기' 과정에서는 학생들이 초급을 거쳐 중급까지 한국어를 공부하며 어려움을 느끼는 부분을 종합적으로 정리하였다.

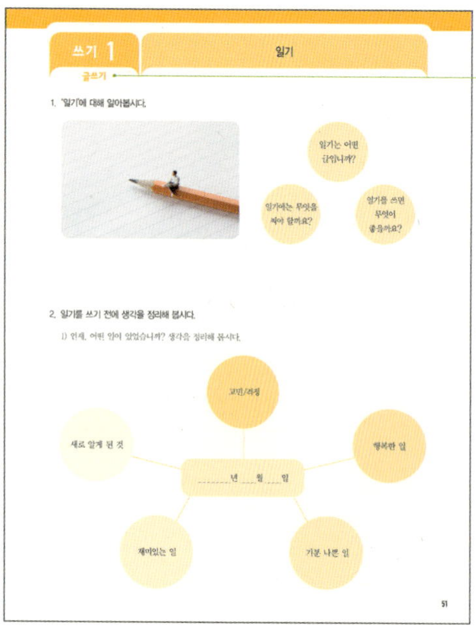
쓰기 1 | 일기

글쓰기

1. '일기'에 대해 알아봅시다.

일기는 어떤 글입니까?

일기에는 무엇을 써야 할까요?

일기를 쓰면 무엇이 좋을까요?

2. 일기를 쓰기 전에 생각을 정리해 봅시다.

1) 언제, 어떤 일이 있었습니까? 생각을 정리해 봅시다.

고민/걱정

새로 알게 된 것

행복한 일

____년 ___월 ___일

재미있는 일

기분 나쁜 일

51

- 글쓰기

앞에서 읽은 텍스트를 참고하고 두 과에서 배운 어휘와 문법을 사용해서 완결된 글을 쓸 수 있도록 하였다.

목차

국민 한국어 3-1 교재 구성

과	어휘·표현	말하기	듣고 말하기
1과 학교생활 1	학교생활 어휘 1	공부 방법 묻고 대답하기 문화 체험 계획 세우기	학교생활 정보를 나누는 대화
2과 일상생활	편의 시설 관련 어휘	헤어스타일 추천하기 원하는 헤어스타일 설명하기	운동 시설 이용을 문의하는 대화
쓰기 1	말하기 표현과 쓰기 표현의 차이점 1, 일기		
3과 집	집 관련 어휘	살고 있는 집 표현하기 집 비교해서 말하기	한국의 집들이 문화에 대한 대화
4과 문제 해결	문제 상황 관련 어휘	핸드폰 고장 상황 설명하기 서비스 센터 방문하기	택배 기사와의 전화 대화
쓰기 2	말하기 표현과 쓰기 표현의 차이점 2, 설명하는 글 1		
5과 여가	여가 생활 어휘	주말에 갈 만한 곳 추천하기 여가 활동 질문하고 답하기	캠핑장 이용 문의 전화
6과 건강	건강 관련 어휘	운동 제안하기 스트레칭 권유하기	우울증 극복 방법에 대한 라디오 강연
쓰기 3	발표 표현, 발표문 1		
7과 날씨	날씨 관련 어휘	날씨에 대해 이야기하기 계절에 생각나는 노래 이야기하기	일기 예보
8과 부상·질병	부상·질병 관련 어휘	부상의 원인 설명하기 병원에서 진찰 받기	소음 난청에 대한 대화
쓰기 4	메모, 설명하는 글 2		

	읽고 말하기	문법		발음
	수업 첫날 일기	−아야/어야 −(으)ㄹ걸요	−는데도/(으)ㄴ데도 −자마자	경음화[1]
	한국의 특별한 카페를 소개하는 글	−더라고요 −(으)ㄹ까 하다	−고서 −는 대신에	비음화[1]
	한옥의 특징을 설명하는 글	−아/어 가지고[1] −잖아요	만 못하다 −(으)며	‘ㅎ’ 발음
	교환/환불을 요청하는 인터넷 게시판 글	피동[1] (−이−, −히−, −리−, −기−) 피동[2] (−아지다/어지다) (이)라서	 −아/어 있다	비음화[2]
	DDP 서울 밤도깨비 야시장 탐방기	−(으)ㄹ 만하다 −ㄴ다면서요/는다면서요?	−던데 −았던/었던	격음화
	하루 일과에 대한 기사문	−았더니/었더니 −다 보면	−아야지요/어야지요 −곤 하다	‘의’ 발음
	미세 먼지에 대한 인터넷 정보	−게[2] −기 바라다	−든지 −든지 하다 에 의하면	연음화
	식중독 예방법을 설명하는 글	−다가[2] −(으)ㄹ수록	−지 그랬어요 −(으)ㄹ 뿐만 아니라	받침 ‘ㅇ’ 발음

등장인물

알렉세이(러시아)
카오루(일본)
바트(몽골)
간토야(몽골)
마키(일본)
제프리(미국)
투이(베트남)

01
학교생활 1

어휘·표현

학교생활 어휘 1

말하기

문법 -아야/어야

-는데도/(으)ㄴ데도

공부 방법 묻고 대답하기

문화 체험 계획 세우기

듣고 말하기

학교생활 정보를 나누는 대화

문법 -(으)ㄹ걸요

읽고 말하기

수업 첫날 일기

문법 -자마자

01과 학교생활 1

준비

● 새 학기가 되었습니다. 앞으로 3급에서 공부하는 동안 무엇을 하고 싶습니까?

● 선생님께 무엇에 대해 질문하고 싶습니까?

□ 한국어 공부 □ 학교 일정 □ 한국 생활 □ 진로

어휘 · 표현

1. 학교에 가는 첫날에 어떤 기분이 듭니까?

반갑다 궁금하다 어색하다 긴장되다 다행이다

①

②

③

④

⑤

2. 한 학기 동안 어떤 일정이 있습니까?

개강일 중간시험 기말시험 수료식

3월

일	월	화	수	목	금	토
				1	2	3
4	5	6	7	8	9	10
11	12	13	14	15	16	17
18	19①	20	21	22	23	24
25	26	27	28	29	30	31

4월

일	월	화	수	목	금	토
1	2	3	4	5	6	7
8	9	10	11	12	13	14
15	16	17	18	19②	20	21
22	23 문화	24 체험	25	26	27	28
29	30					

5월

일	월	화	수	목	금	토
		1	2	3	4	5
6	7	8	9	10	11	12
13	14	15	16	17	18	19
20	21	22	23	24 기말	25 시험	26③
27	28	29	30	31		

① 3월 19일 월요일, 새 학기 첫날.

② 4월 19일 ~ 4월 20일, 학기 중간에 보는 시험.

③ 5월 26일, 한 학기가 끝나고 마지막 날에 하는 행사.

3. 학교 게시판에서 볼 수 있는 안내문입니다. 어떤 내용이 있습니까?

행사	준비물	일시	서류	기간

3급 공지 사항

- ① ______ : 봄 학기 문화 체험
- ② ______ : 4월 23일 월요일 9시 30분 출발
- 장소 : 남이섬
- 교통편 : 학교 버스
- ③ ______ : 도시락과 음료수

비자 연장 신청

- 신청 대상 : 비자를 연장해야 하는 학생
- 신청 ④ ______ : 4월 2일 ~ 4월 6일
- 제출 ⑤ ______ : 신청서 및 여권

4. 여러분은 수업 시간에 어떻게 공부합니까?

확인하다	필기하다	참여하다	물어보다

내용을 공책에 ① ______

궁금한 것을 ② ______

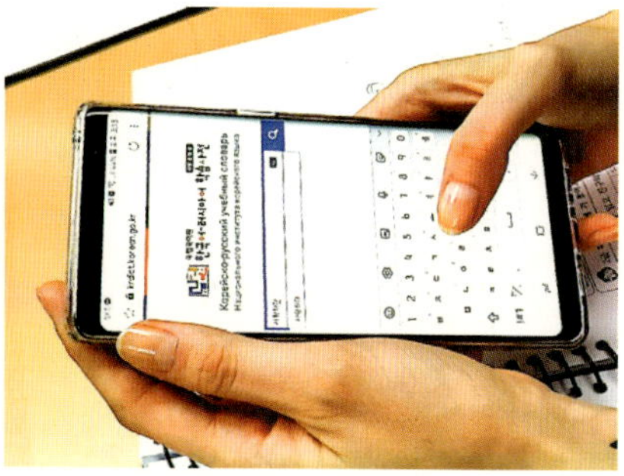

사전을 찾고 의미를 ③ ______

수업에 적극적으로 ④ ______

말하기

문법 1 -아야/어야

이번 방학에는 꼭 해외여행을 가고 싶어요.
여권은 있어요?
아니요, 아직 안 만들었어요.
빨리 만드세요. 여권이 **있어야** 해외여행을 갈 수 있어요.

1. 다음과 같이 묻고 대답해 봅시다.

가: 은행에서 통장을 만들 때 신분증을 가지고 가야 해요?
나: 그럼요. 신분증이 있어야 통장을 만들 수 있어요.

1) 은행에서 통장을 만들 때 신분증을 가지고 가야 해요?
2) 도서관에 들어갈 때 학생증이 있어야 해요?
3) 약국에서 수면제를 살 때 꼭 처방전이 있어야 해요?
4) 학생증을 신청하고 싶은데 사진을 가지고 가야 해요?
5) 오토바이를 타고 싶은데 운전 면허증을 따야 해요?

2. 잘할 수 있는 방법이 있습니까? 이야기해 봅시다.

요리를 잘하고 싶어요.

한국어를 잘하고 싶어요.

한국 친구를 사귀고 싶어요.

가: 어떻게 해야 요리를 잘할 수 있어요?
나: 자주 해야 요리 실력이 늘어요. 요리를 자주 해요?
가: 아니요, 바빠서 거의 못 해요.
나: 혹시 주위에 요리 잘하는 사람이 있어요?

문법 2 -는데도/(으)ㄴ데도

어! 저 사람은 비가 **오는데도** 우산을 안 쓰고 가네요.

그러게요. 왜 우산을 안 쓸까요?

1. 다음과 같이 말해 봅시다.

생일이다 – 미역국을 못 먹다 → 생일인데도 미역국을 못 먹었어요.

1) 생일이다 – 미역국을 못 먹다
2) 3급이다 – 숫자를 말할 때 자꾸 틀리다
3) 친구가 많다 – 가끔 외롭다
4) 키가 크지 않다 – 농구를 잘하다
5) 세일을 하다 – 백화점에 사람이 별로 없다
6) 약을 먹었다 – 감기가 낫지 않다
7) 한국에 산 지 오래됐다 – 명동에 안 가 보다

2. 이런 사람들을 본 적이 있습니까? 이야기해 봅시다.

이상한 사람 | 부러운 사람 |

가: 어떤 사람을 보고 이상하다고 생각한 적이 있어요?
나: 겨울에 추운데도 반팔 티셔츠를 입고 다니는 사람을 봤는데 정말 이상했어요.
가: 여름에 더운데도 긴팔 옷을 입는 사람도 있어요.
나: 맞아요. 그런 사람도 있어요.

대화 1

● 선생님과 학생들이 처음 만났습니다. 무엇에 대해 이야기합니까? 01-1

선생님 여러분, 안녕하세요. 만나서 반갑습니다.

학생들 안녕하세요, 선생님.

선생님 우리 한 학기 동안 즐겁게 공부합시다.
혹시 궁금한 게 있으면 물어보세요.

제프리 선생님, 저는 열심히 하는데도
말하기 실력이 늘지 않아요.
어떻게 해야 잘할 수 있어요?

선생님 수업 시간에 적극적으로 참여해 보세요.
그리고 학교 밖에서도 한국어를
사용하려고 노력해 보세요.

제프리 네, 노력해 보겠습니다.

1. 확인해 봅시다.

    1) 제프리는 선생님께 무슨 질문을 했습니까?

    2) 선생님께서 어떤 방법을 가르쳐 주셨습니까?

2. 대화를 만들어서 발표해 봅시다.

말하기	학교 밖에서도 한국어를 사용하려고 노력하다
쓰기	날마다 한국어로 일기를 쓰다
듣기	한국 드라마를 보거나 한국 노래를 자주 듣다
읽기	다양한 종류의 글을 읽다

대화 2

● 선생님과 학생들이 문화 체험 장소를 정하고 있습니다. 어떻게 이야기합니까?

1. 대화를 만들어 봅시다.

대화에 무슨 내용이 필요해요?	어떤 표현을 사용할 수 있어요?
질문하기	어디에 가고 싶어요?
가고 싶은 장소 말하기	–고 싶어요, –았으면/었으면 좋겠어요
가고 싶은 이유 설명하기	–는데도/(으)ㄴ데도, –(으)니까, –아서/어서
조건 말하기	–아야/어야 –(으)ㄹ 수 있어요

2. 대화를 들으면서 확인해 봅시다. 01-2

선생님 여러분, 이번 학기에도 문화 체험 가는 거 알지요? 어디에 가고 싶어요?

바트 저는 동해 바다에 가 보고 싶어요.
한국에 온 지 6개월이나 됐는데도 아직 바다에 못 가 봤어요.

선생님 음, 동해 바다는 너무 멀어요. 학교에서 가까워야 수업 시간 안에 돌아올 수 있어요.

제프리 저는 크고 유명한 시장에 가 보고 싶어요.
시장도 구경하고 맛있는 음식도 먹을 수 있으니까 재미있을 것 같아요.

마키 저는 경치가 아름다운 공원에 갔으면 좋겠어요.
편안하게 산책도 하고 사진도 많이 찍고 싶어요.

3. 확인해 봅시다.

1) 문화 체험으로 동해 바다에 가기 어려운 이유는 무엇입니까?

2) 시장에 가면 무엇을 할 수 있습니까?

활동

이번 학기에 무엇을 할지 계획을 세워 봅시다.

1) 이번 학기에 꼭 하고 싶은 것이 무엇입니까?

100% 출석하기	한국 친구 사귀기		

2) 그것을 잘 할 수 있는 방법에 대해 이야기해 봅시다.

① 어떻게 해야 잘 할 수 있습니까?

② 무엇을 준비해야 합니까?

듣고 말하기

- 여러분은 통학 버스에 대해 알고 있습니까?

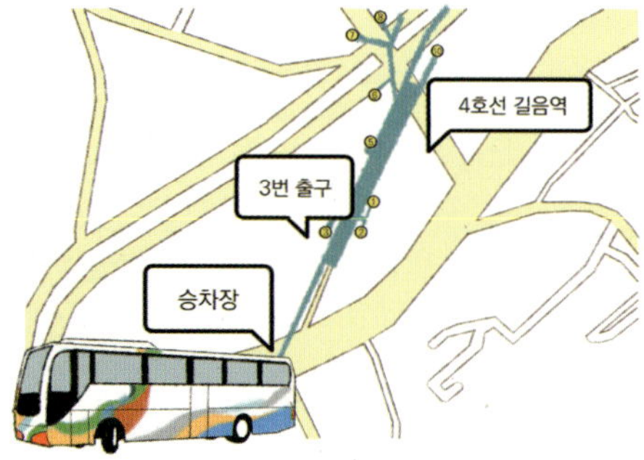

- 여러분이 알고 있는 학교 편의 시설은 무엇입니까?

미리 듣기

- 간토야와 바트의 대화를 듣고 이야기해 봅시다. 01-3

1) 바트는 간토야에게 무엇을 알려 주었습니까?

2) 두 사람은 이 대화가 끝난 후에 무엇을 할 것입니까?

듣기

- 장핑과 마키가 오랜만에 만나서 이야기합니다. 들어 봅시다. 01-4

1. 듣고 이야기해 봅시다.

1) 두 사람은 방학 동안 무엇을 했습니까?

① 마키

② 장핑

2) 두 사람은 서로에게 무엇에 대해 알려 주었습니까?

① 마키 •   • 아르바이트 정보
② 장핑 •   • 통학 버스 정보

2. 들은 내용과 같으면 O, 다르면 × 하십시오.

1) 두 사람은 오늘 처음으로 같은 반이 되었다. ( )
2) 마키는 현재 지하철역 근처에 산다. ( )
3) 마키는 학교에 올 때 보통 통학 버스를 탄다. ( )
4) 장핑은 수업이 끝나고 길음역에 가려고 한다. ( )
5) 장핑은 주말에만 아르바이트를 하고 싶어 한다. ( )

3. 친구와 묻고 대답해 봅시다.

1) 장핑과 마키는 어떤 사이입니까?
2) 통학 버스를 타면 어떤 점이 좋습니까?
3) 길음역에 갈 때 어디에서 통학 버스를 탑니까?
4) 아르바이트를 하기 전에 무엇을 해야 합니까?

4. 발음에 주의하면서 듣고 따라 해 봅시다. 01-5

1) 아는 사람이 없어서 걱정했는데 정말 다행이다. [걱쩡핸는데]
2) 아, 그랬구나. [그랟꾸나]
3) 주말에만 하는 일을 찾고 있어. [찯꼬]
4) 서류를 작성해야 한다고 했지? [작썽해야]

활동 학교 지도를 보고 친구와 이야기해 봅시다.

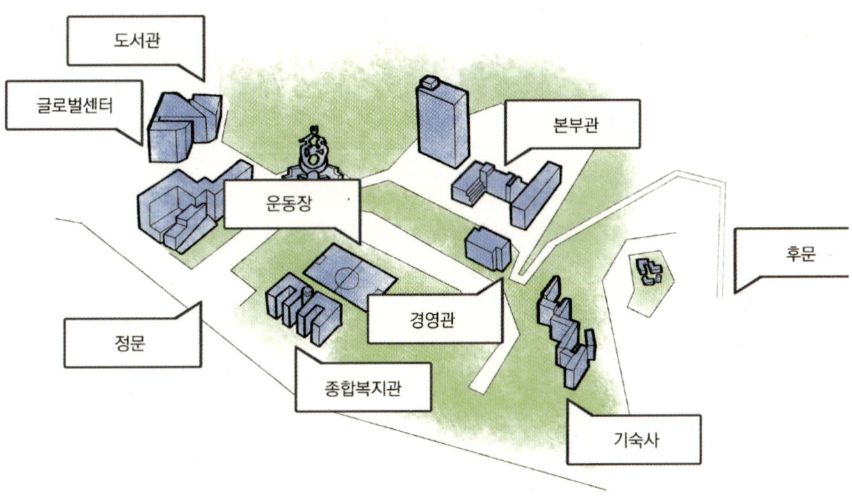

1) 학교에서 어디에 가 봤습니까?

2) 그곳에서 무엇을 할 수 있습니까?

문법 3 -(으)ㄹ걸요

1. 다시 들어 봅시다. 01-6

마키 매일 네 시간씩 수업 들으면서 아르바이트까지 할 수 있을까? 둘 다 같이 하는 건 생각보다 **힘들걸.**
장핑 나도 그렇게 생각해. 그래서 주말에만 하는 일을 찾고 있어.

2. 다음과 같이 묻고 대답해 봅시다.

가: 이따가 도서관에 가서 공부하려고 하는데 사람이 많을까요?
나: 요즘 시험 기간이니까 아마 많을걸요.

1) 이따가 도서관에 가서 공부하려고 하는데 사람이 많을까요?
2) 서울은 이제 3월이 되어서 따뜻한데 부산도 따뜻할까요?
3) 인천 공항에서 동대문까지 가는 버스가 있을까요?
4) 이번 3급 시험이 2급 시험보다 어려울까요?
5) 이리나 씨는 어느 나라 사람이에요?
6) 지금 은행 문을 열었을까요?

3. 하고 싶은 것을 적고 이야기해 봅시다.

이번 학기 계획	이사 가고 싶은 집	결혼하고 싶은 사람
공부, 아르바이트, 동아리 활동		

가: 이번 학기 계획이 있어요?
나: 저는 이번 학기에 하고 싶은 것이 많아요. 공부도 하고 싶고 아르바이트도 하고 싶고 동아리 활동도 하고 싶어요.
가: 세 가지 모두 다 하는 건 아마 힘들걸요. 그중에서 뭐가 제일 하고 싶어요?
나: 지금 제일 하고 싶은 건 동아리 활동이에요.

읽고 말하기

● 새 학기에 친구들을 처음 만날 때 기분이 어떻습니까?

□ 궁금하다 □ 긴장되다 □ 반갑다 □ 어색하다

● 처음 만난 친구들에게 무엇을 질문합니까?

□ 국적 □ 나이 □ 이름 □ 취미
□ 한국에서 산 기간 □ 친한 친구 □ 사는 곳 □ 기타

미리 읽기

● 다음을 읽고 이야기해 봅시다.

이리나

지난 학기에는 우리 반에 러시아 사람이 많았다. 그래서 한국어를 사용하지 않고 러시아어로 이야기를 한 적이 많았다. 자꾸 모국어로 말하니까 다른 나라 친구들이 싫어하는 것 같았다. 정말 미안했다. 이제 교실에서는 한국어로만 이야기하려고 노력해야겠다.

카오루

나는 지난 학기에 지각을 자주 했다. 그래서 결석을 한 번도 하지 않았는데도 출석률이 80%밖에 안 됐다. 알람 소리를 들어도 일어나지 못할 때가 많았다. 이번 학기에는 친구에게 모닝콜을 부탁해서 일찍 일어나야겠다.

1) 두 사람은 지난 학기에 어떻게 생활했습니까?

이리나 ____________ 카오루 ____________

2) 두 사람이 이번 학기를 시작하면서 다짐한 것은 무엇입니까?

이리나 ____________ 카오루 ____________

읽기

● 장핑의 일기입니다. 읽어 봅시다.

9월 18일 월요일

날씨: 맑음

오늘은 3급이 되고 학교에 가는 첫날이었다. 학교에 가자마자 먼저 게시판에서 내 이름과 반을 확인한 다음에 우리 반으로 갔다. 교실에는 아직 아무도 없었다. '어떤 친구들을 만나게 될까?', '아는 친구가 있을까?' 새 친구들이 궁금하고 긴장도 됐다.

교실에 처음 들어온 친구는 몽골에서 온 여학생이었다. 이름은 간토야이고, 몽골에서 회사원이었다고 한다. 2급 때 옆 반에서 공부해서 얼굴은 알고 있었는데 이번에 같은 반이 되었다. 귀엽고 친절한 친구여서 앞으로 더 친하게 지내고 싶다.

두 번째로 들어온 친구는 2급 때 같은 반에서 공부한 마키였다. 너무 반가워서 나도 모르게 "마키!" 하고 큰 소리로 이름을 불렀다. 마키는 숙제도 열심히 하고 지각이나 결석도 하지 않는 정말 성실한 친구다. 요즘에는 토픽을 준비하고 있다고 한다. 마키처럼 열심히 공부하는 친구가 옆에 있으면 나도 열심히 공부하게 될 것 같다. 마키와 다시 같은 반이 돼서 정말 다행이다.

그 후에도 여러 학생들이 더 들어왔지만 얼굴을 모르는 친구들이 많았다. 처음 만나서 그런지 분위기가 조금 어색했다. 그때 선생님께서 교실로 들어오셨다. 선생님께서 밝은 목소리로 "여러분, 정말 반가워요. 앞으로 한 학기 동안 즐겁게 공부해 봅시다."라고 인사를 하셨다. 첫인상이 정말 좋으셨다. 지금까지 만난 선생님들처럼 3급 선생님도 정말 좋은 분이실 것 같다.

오늘 학교에 가서 새로운 친구들을 만나니까 한국에 처음 왔을 때가 생각났다. 그때는 공부도 열심히 하면서 즐겁게 생활했는데, 지금은 한국 생활에 익숙해져서 처음보다 조금 게을러진 것 같다. 그래서 오늘부터는 다시 열심히 공부해야겠다고 다짐했다. 앞으로 우리 반 친구들과 함께 할 10주가 정말 기대된다.

1. 읽고 이야기해 봅시다.

1) 장핑 씨는 일기에 무엇에 대해 썼습니까?

2) 장핑 씨는 오늘 교실에서 만난 사람들에 대해 어떻게 생각했습니까?

간토야 •	• 목소리가 밝다
마키 •	• 귀엽고 친절하다
선생님 •	• 성실하다

2. 글의 내용과 같으면 O, 다르면 X 하십시오.

1) 장핑은 학교에 도착해서 바로 교실로 갔다. ( )
2) 간토야는 2급 때 같은 반이 아니었다. ( )
3) 마키는 토픽 시험을 보려고 준비하고 있다. ( )
4) 선생님의 첫인상은 별로 좋지 않았다. ( )

3. 친구와 묻고 대답해 봅시다.

1) 장핑은 친구들을 만나기 전에 어떤 기분이었습니까?
2) 장핑은 마키에 대해 어떻게 생각합니까?
3) 장핑은 처음 한국에 왔을 때와 무엇이 달라졌습니까?
4) 장핑은 일기를 쓰면서 어떤 다짐을 했습니까?

활동 친구와 이야기해 봅시다.

1) 서로 처음 만났습니다. 이야기해 보십시오.

2) 서로 오랜만에 만났습니다. 이야기해 보십시오.

3) 이야기를 나눌 때 기분이 어떻게 다릅니까?

① 처음 만났을 때

② 오랜만에 만났을 때

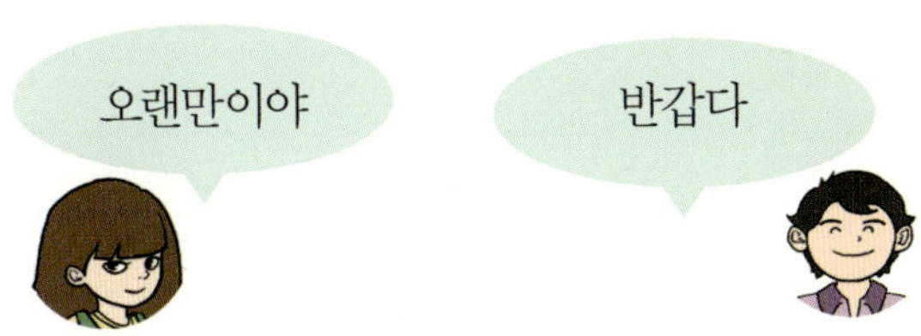

문법 4 -자마자

1. 다시 읽어 봅시다.

오늘은 3급이 되고 학교에 가는 첫날이었다. 학교에 **가자마자** 먼저 게시판에서 내 이름과 반을 확인한 다음에 우리 반으로 갔다. 교실에는 아직 아무도 없었다.

2. 다음과 같이 묻고 대답해 봅시다.

가: 집에 가면 뭐부터 해요?
나: 저는 보통 집에 가자마자 옷부터 갈아입어요.

1) 집에 가면 뭐부터 해요?
2) 아침에 일어나면 뭐부터 해요?
3) 수업이 끝나면 뭐 해요?
4) 공항에 가면 뭐부터 해요?
5) 고향에 가면 제일 먼저 뭘 하고 싶어요?
6) 부모님을 만나면 제일 먼저 뭘 하고 싶어요?

3. 여러분의 하루 일과와 미래 계획에 대해 이야기해 봅시다.

이리나의 하루 일과

8시	아침 식사	빵
9시	수업	
1시	점심 식사	라면
2시	숙제	커피숍
3시	동아리 활동	농구
5시	아르바이트	

앞으로의 계획

올해		
내년		
3년 후		
졸업 후		
취직 후		
결혼 후		

저는 요즘 정말 바빠요. 공부도 하고 동아리 활동도 하고 아르바이트도 하거든요. 제 하루를 소개할게요. 저는 아침에 일어나자마자 빵을 먹어요. 빵을 먹고 학교에 가서 수업을 들어요. 수업이 끝나자마자 학교 식당에 가서 점심을 먹어요. 시간이 별로 없어서 빨리 라면을 먹을 때가 많아요.……

02 일상생활

어휘·표현

편의 시설 관련 어휘

말하기

문법 –더라고요

–고서

헤어스타일 추천하기

원하는 헤어스타일 설명하기

듣고 말하기

운동 시설 이용을 문의하는 대화

문법 –(으)ㄹ까 하다

읽고 쓰기

한국의 특별한 카페를 소개하는 글

문법 –는 대신에

02과 일상생활

준비

- 한국에서 생활하면서 자주 가는 곳은 어디입니까?

- 한국에서 다음 장소를 이용해 본 적이 있습니까? 그곳에서 무엇을 했습니까?

□ 카페 □ 헬스클럽 □ 미용실

어휘 · 표현

1. 미용실에서 머리를 할 때 사용할 수 있는 표현을 알아봅시다.

①

②

③

④

⑤

⑥

머리를 하다
파마하다
염색하다
머리를 다듬다
머리를 자르다
앞머리를 자르다
드라이하다

● 한국의 미용실과 여러분 나라의 미용실은 어떻게 다릅니까? 이야기해 봅시다.

2. 헬스클럽에서 사용할 수 있는 어휘를 알아봅시다.

회원 직원 운동 기구 접수대 샤워실 탈의실

①

②

③

④

⑤

⑥

● 관계가 있는 어휘끼리 묶어 봅시다.

문의하다	등록하다	갈아입다	사용하다	안내하다

접수대	탈의실	운동 기구
① ② ③	④	⑤

3. 카페를 설명할 때 사용할 수 있는 표현을 알아봅시다.

가격이 저렴하다	자리가 편안하다	경치가 좋다	메뉴가 독특하다

①

②

③

④

● 여러분은 어떤 카페에 가고 싶습니까? 거기에서 무엇을 하고 싶습니까?

시간을 보내다　　이야기를 나누다　　수다를 떨다　　체험하다

말하기

문법 1 -더라고요

어제 학교 앞에 새로 생긴 식당에 갔어요.

어땠어요?

음식이 싸고 **맛있더라고요**.

1. 그림을 보고 묻고 대답해 봅시다.

> **가:** 어제 뭘 했어요?
> **나:** 친구와 영화를 봤어요.
> **가:** 어땠어요?
> **나:** 너무 무섭더라고요.

1) 

2) 

3) 

4) 

5) 

2. 경험한 것에 대해 이야기해 봅시다.

방학에 뭘 했어요? 어땠어요?

어제 뭘 했어요? 어땠어요?

서울에서 어디에 가 봤어요? 어땠어요?

> **가:** 방학에 뭘 했어요?
> **나:** 친구와 부산에 갔다 왔어요.
> **가:** 부산은 어땠어요?
> **나:** 바다가 정말 아름답더라고요.

문법 2 -고서

감기는 좀 나았어요?

네. 약을 **먹고서** 많이 좋아졌어요.

1. 다음과 같이 묻고 대답해 봅시다.

가: 살이 많이 빠졌네요.
나: 운동을 시작하고서 5kg 정도 빠졌어요.

가	나
1) 살이 많이 빠졌네요.	운동을 시작하다 – 5kg 정도 빠지다
2) 한국어가 많이 늘었네요.	한국 친구를 사귀다 – 한국어가 많이 늘다
3) 왜 그렇게 눈이 빨개요?	슬픈 영화를 보다 – 많이 울다
4) 기숙사로 이사하니까 어때요?	이사하다 – 학교 다니기가 편해지다
5) 아르바이트를 해 보니까 어때요?	아르바이트를 하다 – 돈을 아껴 쓰게 되다

2. 달라진 점에 대해 이야기해 봅시다.

3급에 오고서 무엇이 달라졌어요?

한국에 온 다음에 무엇이 달라졌어요?

남자/여자 친구를 만나고 나서 무엇이 달라졌어요?

가: 3급에 오고서 무엇이 달라졌어요?
나: 한국 생활이 더 재미있어졌어요.
다 : 저는 3급에 오고서 친구가 많아졌어요. 특히 다른 나라 친구들과 많이 친해졌어요.

대화 1

● 카오루와 마키가 무엇에 대해 이야기합니까? 02-1

카오루 어? 헤어스타일이 바뀌었네?

마키 응, 어제 미용실에 갔다 왔거든.

카오루 밝은색으로 염색하니까 더 예쁘다.

마키 정말? 염색하고서 안 어울리는 것 같아서 좀 후회했는데.

카오루 아니야, 잘 어울려. 나도 머리를 좀 바꿔 볼까?

마키 그래, 염색을 해 보는 건 어때? 요즘 남자들도 염색을 많이 하더라고.

카오루 그럼 한번 해 볼까? 잘 아는 미용실 있어?

1. 확인해 봅시다.

   1) 마키는 미용실에서 무엇을 했습니까?

   2) 마키는 카오루에게 어떤 머리를 추천했습니까?

2. 대화를 만들어서 발표해 봅시다.

밝은색으로 염색하다

파마하다

앞머리를 자르다

머리를 짧게 자르다

대화 2

● 이리나가 미용실에 갔습니다. 어떻게 이야기합니까?

1. 대화를 만들어 봅시다.

대화에 무슨 내용이 필요해요?	어떤 표현을 사용할 수 있어요?
원하는 것 묻기	어떻게 해 드릴까요?, 어떻게 하고 싶으세요?
원하는 것 말하기	-고 싶은데요, ___이/가 어울릴까요?
설명하기	___처럼, -게
요청하기	-아/어 주세요, -고서

2. 대화를 들으면서 확인해 봅시다. 02-2

미용사 안녕하세요. 어떻게 해 드릴까요?
이리나 머리를 좀 자르고 싶은데요.
미용사 어떻게 하고 싶으세요?
이리나 단발머리를 해 보고 싶어요. 요즘 연예인들이 단발머리를 많이 하더라고요.
미용사 혹시 사진 가지고 오셨어요?
이리나 네, 여기요. 이 배우처럼 하고 싶은데 저한테도 어울릴까요?
미용사 손님은 얼굴이 작은 편이니까 잘 어울리실 거예요.
이리나 그럼 이렇게 해 주세요. 그리고 머리를 자르고서 드라이도 해 주세요.

3. 확인해 봅시다.

1) 이리나는 어떤 머리를 하려고 합니까? 그 이유는 무엇입니까?

2) 이리나는 미용사에게 무엇을 더 요청했습니까?

활동

● 헤어스타일에 대해 이야기해 봅시다.

1) 여러분의 헤어스타일은 어떻게 변했습니까?

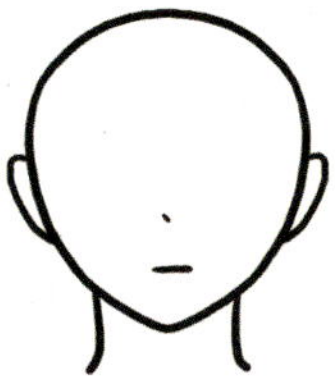

어렸을 때

·
·
·

▶

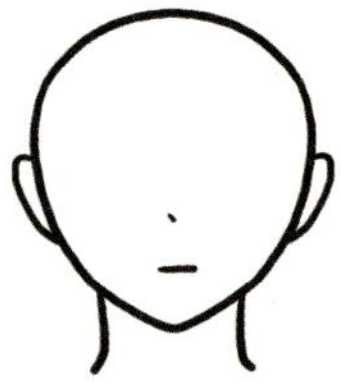

중학생/고등학생 때

·
·
·

▶

현재

·
·
·

2) 해 보고 싶은 헤어스타일이 있습니까? 사진을 찾아서 친구와 이야기해 봅시다.

〈해 보고 싶은 헤어스타일〉

① 어떤 머리를 해 보고 싶습니까? 하고 싶은 헤어스타일을 친구에게 설명해 봅시다.

② 이 사진을 가지고 미용실에 갑니다. 미용사와 손님이 되어 대화를 만들어 봅시다.

듣고 말하기

- 여러분은 무슨 운동을 해 봤습니까?
- 보통 언제, 어디에서 운동을 합니까?

미리 듣기

- 투이와 간토야의 대화를 듣고 이야기해 봅시다. 02-3

 1) 투이와 간토야는 무엇에 대해 이야기하고 있습니까?

 2) 대화 후 간토야는 무엇을 할 계획입니까?

듣기

- 간토야와 직원이 이야기합니다. 들어 봅시다. 02-4

1. 듣고 이야기해 봅시다.

 1) 두 사람은 무엇에 대해 이야기하고 있습니까?

 2) 들은 내용을 표에 쓰십시오.

국민 헬스에서 회원을 모집합니다

▶ **위 치** : 정릉동 주민 센터 건너편, 국민 약국 3층

▶ **이용 시간** : 오전 6:00 – 밤 11:30

▶ **이용료** : 1개월 – ①

 3개월 – ②

▶ **특별 수업 프로그램 안내**

- 요가
- ③

※ 수업료 ④ , 선착순 수강

2. 들은 내용과 같으면 ○, 다르면 × 하십시오.

1) 간토야는 헬스를 해 본 적이 있다. ( )
2) 기구를 사용하는 운동은 가르쳐 주지 않는다. ( )
3) 특별 수업은 따로 신청하지 않아도 된다. ( )
4) 두 명이 같이 등록하면 할인을 받을 수 있다. ( )

3. 친구와 묻고 대답해 봅시다.

1) 이 헬스클럽의 시설은 어떻습니까?
2) 특별 수업은 무엇입니까? 어떤 것이 있습니까?
3) 방송 댄스 수업은 무엇입니까?
4) 간토야는 왜 내일 등록을 하려고 합니까?

4. 발음에 주의하면서 듣고 따라 해 봅시다. 02-5

1) 한 달 이용료는 어떻게 돼요? [이용뇨]

2) 저, 여기 등록하려고 왔는데요. [등노카려고]

3) 한국 대통령의 이름을 알고 있습니까? [대통녕]

4) 어떤 음료수를 마실래요? [음뇨수]

활동 아래의 표를 보고 문의하는 대화를 만들어 봅시다.

스포츠 센터

1. 수영

- **수업 시간** : 월, 수, 금요일 오후 3시, 5시
- **수업료** : 월 20만 원
- **기타** : 3개월 등록하면 5만 원 할인

2. 요가

- **수업 시간** : 매일 저녁 7시, 8시
- **수업료** : 월 15만 원
- **기타** : 친구와 같이 등록하면 요가복 증정

3. 테니스

- **수업 시간** : 화, 목요일 오전 7시
- **수업료** : 월 12만 원
- **기타** : 테니스 라켓 대여 가능

문법 3 -(으)ㄹ까 하다

1. 다시 들어 봅시다. 02-6

간토야 제가 친구랑 같이 **등록할까 하는데** 두 명이 같이 등록하면 할인이 되나요?
직원 아니요, 할인은 되지 않습니다.

2. 다음과 같이 묻고 대답해 봅시다.

가: 수업 끝나고 뭐 할 거예요?
나: 친구하고 농구를 할까 해요.

가	나
1) 수업 끝나고 뭐 할 거예요?	친구하고 농구를 하다
2) 마키 씨 생일 선물은 뭘 살 거예요?	모자를 사다
3) 점심은 뭘 먹을 거예요?	편의점에서 간단히 사 먹다
4) 주말에 뭐 할 거예요?	집에서 좋아하는 드라마를 보다
5) 생일에 특별한 계획이 있어요?	친구들을 불러서 파티를 열다

3. 무슨 계획이 있습니까? 이야기해 봅시다.

오늘 저녁 계획 / 주말 계획 / 방학 계획

가: 제프리 씨, 오늘 저녁에 뭐 할 거예요?
나: 서점에 갈까 해요. 읽고 싶은 책이 있는데 도서관에 없어서요. 투이 씨는 뭐 할 거예요?
가: 저는 산책을 할까 해요.

읽고 쓰기

- 여러분은 어떤 카페에 가 봤습니까?
- 그 카페는 어땠습니까?

미리 읽기

- 카페를 소개한 SNS 글을 읽고 이야기해 봅시다.

K - stargram

너무 예쁜 케이크와 맛있는 커피^-^
핑크 카페에서 남자 친구와 데이트♥
#카페 #커피 #케이크 #데이트
#분위기굿굿 #예쁘다 #사랑해

K - stargram

친구랑 처음 가 본 너구리 카페.
너구리가 너무너무~ 귀여웠다 >ㅂ<
홍대 근처에 가면 꼭 가 보세요!!!
#너구리 #너구리카페 #카페추천 #홍대

1) 위 카페의 특징은 무엇입니까?

2) 여러분은 어느 카페에 가 보고 싶습니까?

읽기

학생 기자 투이가 쓴 글입니다. 읽어 봅시다.

국민 신문

5월 20일 월요일

유학생이 추천하는 한국의 특별한 카페

요즘 한국에서는 카페를 쉽게 찾아볼 수 있다. 예쁜 인테리어, 독특한 메뉴로 유명한 카페도 많지만 오늘은 특별한 체험을 할 수 있는 카페를 소개해 보려고 한다.

첫 번째로 소개할 카페는 강아지 카페이다. 강아지 카페는 귀여운 강아지들과 함께 시간을 보낼 수 있는 곳이다. 이 카페에는 여러 종류의 강아지가 있는데 강아지에게 직접 간식을 주거나 함께 장난을 치면서 놀 수 있다. 또 자기가 키우는 강아지를 데리고 갈 수도 있다. 이 외에도 고양이 카페나 너구리, 앵무새처럼 특별한 동물들을 만날 수 있는 카페도 있다.

두 번째로 소개할 카페는 커피를 마시면서 독서를 할 수 있는 북 카페이다. 편안한 의자에 앉아서 책도 읽고 맛있는 커피도 마시고 싶을 때는 도서관 대신에 북 카페에 가 보는 것을 추천한다. 북 카페에는 혼자 앉아서 책을 읽고 공부할 수 있는 자리, 바깥 경치를 한눈에 볼 수 있는 창가 자리, 그리고 친구와 이야기를 나눌 수 있는 자리가 있어서 골라서 앉을 수 있다.

마지막으로 소개할 카페는 보드게임 카페이다. 카페에서 커피만 마시기 심심한 사람, 친구들과 함께 웃고 떠들면서 게임을 즐기고 싶은 사람들에게 보드게임 카페를 추천한다. 이 카페에서는 저렴한 가격에 보드게임을 즐길 수 있다. 쉽고 간단한 게임부터 어렵고 복잡한 게임까지 다양한 게임이 있어서 원하는 것을 고를 수 있다. 게임 방법을 잘 모르면 직원에게 물어보면 된다.

오늘 수업 후, 공부에 지친 몸과 마음을 쉬러 특별한 카페에 가 보는 것은 어떨까?

학생 기자 : 투이(touii@kookmin.ac.kr)

1. 읽고 이야기해 봅시다.

1) 이 글은 무엇에 대한 글입니까?

2) 이 글에서 소개하는 카페들에 대해 간단히 메모해 봅시다.

카페 종류	특징
①	강아지들과 함께 시간을 보낼 수 있는 카페
② 북 카페	
③	

2. 글의 내용과 같으면 O, 다르면 X 하십시오.

1) 요즘 한국의 카페에서는 다양한 체험을 할 수 있다. (　　)
2) 강아지 카페는 강아지를 키우는 사람만 이용할 수 있다. (　　)
3) 북 카페는 도서관 안에 있는 카페이다. (　　)
4) 보드게임 카페는 가격이 비싸지 않은 편이다. (　　)

3. 친구와 묻고 대답해 봅시다.

1) 강아지 카페에서는 무엇을 할 수 있습니까?

2) 북 카페에는 어떤 자리가 있습니까?

3) 보드게임 카페에는 어떤 사람들이 가면 좋습니까?

4) 보드게임 카페에서 게임 방법을 잘 모르면 어떻게 하면 됩니까?

활동 여러분이 자주 가는 카페를 SNS에 소개해 봅시다.

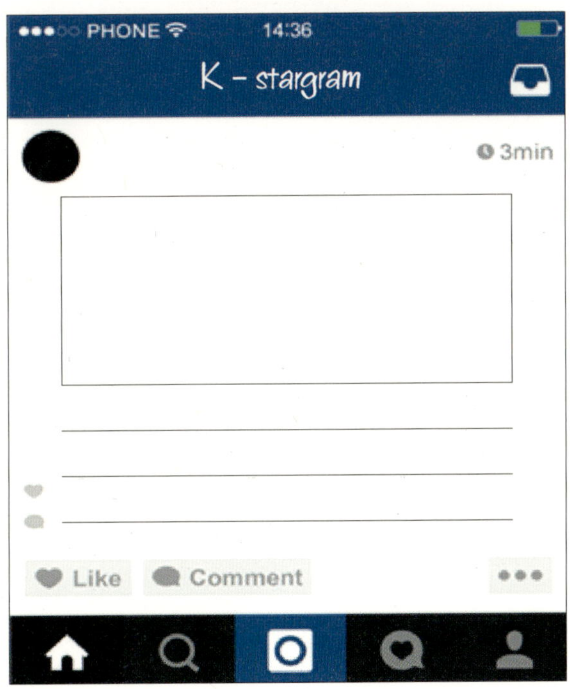

문법 4 -는 대신에

1. 다시 읽어 봅시다.

책을 읽으면서 커피도 마시고 싶을 때는 도서관에 **가는 대신에** 북 카페에 가 보세요.

2. 다음과 같이 묻고 대답해 봅시다.

가: 운동을 할 시간이 없어.
나: 그럼 엘리베이터를 타는 대신에 계단을 이용해 봐.

1) 운동을 할 시간이 없다

2) 밤에 잠이 잘 안 오다

3) 식당에 갈까 했는데 밖에 비가 많이 오다

4) 길이 많이 막힐 것 같다

3. 친구가 여행 계획을 바꿔야 합니다. 이야기해 봅시다.

급한 일이 생겨서 길게 여행하기 어려워요.

여행 비용을 줄여야 해요.

할아버지, 할머니와 같이 여행을 가게 됐어요.

친구의 여행 계획표

여행 기간 :	□ 2박 3일	☑ 3박 4일	□ 4박 5일
장소 :	□ 부산	☑ 제주도	□ 일본
교통편 :	□ KTX	□ 배	☑ 비행기
숙박 :	□ 친구 집	□ 게스트 하우스	☑ 호텔
일정 :	□ 해변 산책	☑ 한라산 등산	□ 맛집 방문

가: 여행 계획을 바꿔야 할 것 같아요.
나: 왜요?
가: 급한 일이 생겨서 길게 여행하기 어렵게 됐어요.
나: 그럼 3박 4일로 가는 대신에 2박 3일로 가야겠네요.

쓰기 1 말하기 표현과 쓰기 표현의 차이점 1

알아보기

1. 말할 때와 글을 쓸 때의 문장이 어떻게 다릅니까?

2. '-ㄴ다/는다'는 어떻게 사용합니까?

[동사]-ㄴ다/는다 [동사]-지 않는다	윤아는 국민대학교에 다녀요. → 윤아는 국민대학교에 다닌다.
[형용사]-다 [형용사]-지 않다	주말에는 한가해요. → 주말에는 한가하다.
[명사]이다 [명사]이/가 아니다	오늘은 토요일이에요. → 오늘은 토요일이다.
[동/형]-았다/었다 [동/형]-지 않았다	명동에 사람이 많았어요. → 명동에 사람이 많았다.
[동/형]-(으)ㄹ 것이다, -겠다	다음 주에 고향에 갈 거예요. → 다음 주에 고향에 갈 것이다, 가겠다.

3. 말할 때와 쓸 때 어떤 표현을 사용하면 더 좋습니까?

〈말할 때〉	〈쓸 때〉	〈말할 때〉	〈쓸 때〉
하고, (이)랑 한테/한테서	와/과 에게/에게서	저/제/저희	나/내/우리
진짜/너무/정말	매우/무척	근데 좀 뭐 이걸 -는 게	그런데 조금 무엇 이것을 -는 것이

4. 연습해 봅시다.

1) 아래의 문장을 [보기]와 같이 바꿔서 써 봅시다.

① 오늘이 제 생일이에요.

② 투이 씨는 한국 사람이 아니에요.

③ 저희 가족을 소개하겠습니다.

④ 어제는 옷하고 신발을 샀어요.

⑤ 한국 음식은 너무 맛있어요.

⑥ 여긴 별로 춥지 않네요.

⑦ 바트는 운동하는 걸 좋아하지 않아요.

⑧ 전 길음역 근처에 살아요.

⑨ 친구한테 전화를 할 거예요.

⑩ 그 사람은 책을 진짜 많이 읽어요.

[보기] ① 오늘이 내 생일이다.

② ______________________

③ ______________________

④ ______________________

⑤ ______________________

⑥ ______________________

⑦ ______________________

⑧ ______________________

⑨ ______________________

⑩ ______________________

2) 다음을 '-ㄴ다/는다'로 바꿔 써 봅시다.

저는 쇼핑하는 걸 정말 좋아해요. 그래서 자주 쇼핑하러 가는 편이에요. 어제도 친구랑 같이 명동에 가서 쇼핑을 했어요. 사고 싶은 옷이 있었는데 좀 비쌌어요. 그래서 가방하고 모자만 사서 왔어요. 근데 집에 오니까 그 옷이 계속 생각나요. 내일 다시 가서 사야겠어요.

나는 ______________________

쓰기 1
글쓰기

일기

1. '일기'에 대해 알아봅시다.

일기는 어떤 글입니까?

일기에는 무엇을 써야 할까요?

일기를 쓰면 무엇이 좋을까요?

2. 일기를 쓰기 전에 생각을 정리해 봅시다.

1) 언제, 어떤 일이 있었습니까? 생각을 정리해 봅시다.

_______년 ___월 ___일

고민/걱정

행복한 일

기분 나쁜 일

재미있는 일

새로 알게 된 것

2) 앞에서 정리한 내용을 간단히 써 봅시다.

생각나는 일	그 일에 대한 생각과 느낌

3. 일기를 잘 쓰려면 이렇게 해 봅시다.

① 하루의 일 중에서 가장 먼저 생각나는 것이나 가장 중요한 일을 쓴다.

② 그 일을 설명하고, 그 일에 대한 생각이나 느낌을 자세하게 쓴다.

4. 여러분의 하루는 어땠습니까? 일기를 써 봅시다.

03
집

어휘·표현

집 관련 어휘

말하기

문법 -아/어 가지고[1]

만 못하다

살고 있는 집 표현하기

집 비교해서 말하기

듣고 말하기

한국의 집들이 문화에 대한 대화

문법 -잖아요

읽고 쓰기

한옥의 특징을 설명하는 글

문법 -(으)며

03과 집

준비

- 지금 여러분은 어디에서 살고 있습니까? 그곳은 어떻습니까?

- 여러분은 어떤 집에서 살고 싶습니까?

어휘 · 표현

1. 집에서 하는 일과 필요한 가구에 대해 이야기해 봅시다.

현관	부엌	거실	침실	욕실	서재

①

신발을 신다/벗다

신발장, 우산꽂이

②

손님에게 차를 대접하다

소파, TV

③

휴식을 취하다

침대, 서랍장

④

볼일을 보다

변기, 세면대

⑤

설거지를 하다

싱크대, 가스레인지

⑥

독서하다

책장

- 여러분의 집은 어떻습니까? 이야기해 봅시다.

2. 집을 구할 때 어떤 점을 확인해야 합니까?

시설	교통
• 수돗물이 잘 나오다 • 시설이 오래되다 •	• 지하철역이 가깝다 • 집 앞에 다니는 버스가 많다 •

주변 환경	기타
• 편의 시설이 많다 • 조용하고 깨끗하다 •	• 빛이 잘 들다 • 방음이 잘 되다 •

3. 집을 이사하는 과정에 대해 이야기해 봅시다.

둘러보다 싸다 정리하다 옮기다

집을 구할 때	계약할 때
✓ 부동산에 가다 ✓ 보증금과 월세를 확인하다 ✓ 집을 ①	✓ 계약서를 쓰다 ✓ 계약금을 내다

이사할 때	이사 후에
✓ 이삿짐을 ② ✓ 짐을 ③	✓ 짐을 풀다 ✓ 짐을 ④

• 여러분은 한국에서 이사해 본 적이 있습니까? 이사 경험에 대해 이야기해 봅시다.

말하기

문법 1 –아/어 가지고[1]

좀 피곤해 보이네요.

네, 어제 잠을 못 **자 가지고** 피곤해요.

1. 다음과 같이 묻고 대답해 봅시다.

> **가:** 왜 이사했어요?
> **나:** 집이 너무 멀어 가지고 이사했어요.

가	나
1) 왜 이사했어요?	집이 너무 멀다
2) 왜 점심을 안 먹어요?	일이 있다
3) 왜 날마다 카페에서 공부해요?	카페가 조용하다
4) 왜 편의점에 갔어요?	휴지가 없다
5) 시장에서 과일을 왜 안 사 왔어요?	과일이 너무 비싸다
6) 치약하고 비누를 왜 이렇게 많이 샀어요?	할인을 많이 하다

2. 다음과 같은 경험이 있습니까? 이야기해 봅시다.

친구와 싸운 경험이 있어요?

부모님에게 화가 난 적이 있어요?

최근 3년 동안 운 적이 있어요?

> **가:** 저는 작년에 제일 친한 친구와 싸웠어요.
> **나:** 왜 싸웠어요?
> **가:** 친구가 자꾸 약속을 안 지켜서 너무 화가 나 가지고 싸웠어요.
> **나:** 저도 친구와 싸운 적이 있어요. 작년에 친구가 …….

문법 2 만 못하다

핸드폰을 새로 샀네요. 어때요?

가벼워서 좋은데 카메라 기능은 예전 **핸드폰만 못해요.**

1. 다음과 같이 묻고 대답해 봅시다.

가: 영화 '나의 집 2'가 나왔는데 봤어요?
나: 네, 봤어요. 그런데 2편이 1편만 못해요. (2편 〈 1편)

1) **가:** 영화 '나의 집 2'가 나왔는데 봤어요?
나: 네, 봤어요. 그런데 ______________________________ (2편 〈 1편)

2) **가:** 벌써 6시네요. 늦었으니까 지하철을 타지 말고 택시를 타야겠어요.
나: 길이 복잡해서 ______________________________ (택시 〈 지하철)

3) **가:** 투이 씨, 말하기 시험을 정말 잘 봤다고 들었어요. 듣기 성적도 좋아요?
나: 듣기 성적이 아주 나쁘지는 않지만 ____________________ (듣기 성적 〈 말하기 성적)

4) **가:** 새로 이사한 집이 어때요? 예전 집보다 넓어요?
나: 새집이 넓기는 하지만 ______________________________ (새집 〈 예전 집)

5) **가:** 학생 식당 음식이 어때요? 기숙사 식당보다 싸지요?
나: 학생 식당도 싸고 괜찮지만 ____________________ (학생 식당 〈 기숙사 식당)

2. 같이 이야기해 봅시다.

사 먹는 것
직접 요리하는 것

집에서 영화를 보는 것
영화관에서 보는 것

도서관에서 공부하는 것
집에서 공부하는 것

가: 집에서 요리를 자주 하세요?
나: 네, 사 먹는 것이 직접 요리하는 것만 못하더라고요. 투이 씨는요?
가: 저는 밖에서 사 먹을 때가 많아요. 요리를 잘 못하거든요.

대화 1

● 제프리와 간토야가 무엇에 대해 이야기합니까? 03-1

제프리 새로 이사한 집은 어때요?
간토야 넓어서 좋긴 한데 좀 어두운 편이에요.
제프리 2층인데도 어두워요?
간토야 집 앞에 높은 건물이 있어서 햇빛이 잘 안 들어요.
제프리 시설은 어때요?
간토야 시설도 예전 집만 못해요. 지은 지 오래됐거든요.
제프리 그런데 왜 이사했어요?
간토야 예전 집 월세가 비싸 가지고 이사했는데 생활하기가 좀 불편하네요.

1. 확인해 봅시다.

1) 간토야가 이사한 집은 어떻습니까?

2) 간토야는 왜 이사했습니까?

2. 대화를 만들어서 발표해 봅시다.

시설	지은 지 오래됐다
주변 환경	편의 시설이 별로 없다
교통편	지하철역이 멀다
방음	옆방이 시끄러워서 밤에 잘 수가 없다

대화 2

바트가 부동산에 갔습니다. 어떻게 이야기합니까?

1. 대화를 만들어 봅시다.

대화에 무슨 내용이 필요해요?	어떤 표현을 사용할 수 있어요?
원하는 집 말하기	-(으)ㄴ 집을 구하러 왔는데요
불만족 표현하기	-긴 한데
집 비교해서 말하기	___이/가 ___만 못하지만
요청하기	집을 좀 볼 수 있을까요?, 지금 가 볼 수 있을까요?

2. 대화를 들으면서 확인해 봅시다. 03-2

부동산 직원	어서 오세요. 어떻게 오셨어요?
바트	학교에서 가까운 원룸을 구하러 왔는데요.
부동산 직원	네, 우선 사진을 보여 드릴게요. 여기 이 집 어때요? 새로 지어 가지고 깨끗해요.
바트	좋긴 한데 좀 좁은 것 같아요.
부동산 직원	그럼 이 집은 어때요? 시설은 첫 번째 집만 못하지만 조금 더 넓어요.
바트	집세는 얼마예요?
부동산 직원	둘 다 보증금 천만 원에 월세가 오십만 원입니다.
바트	첫 번째 집이 더 좋아 보이는데요. 지금 가 볼 수 있을까요?
부동산 직원	그럼요. 같이 가 봅시다.

3. 확인해 봅시다.

1) 바트는 어떤 집을 찾고 있습니까?

2) 바트가 부동산 직원과 함께 가 볼 집은 어떻습니까?

활동

원하는 집을 구하는 활동을 해 봅시다.

1) 여러분은 어떤 집을 구하고 싶습니까?

집세	
시설	
기타	

2) 부동산 직원과 손님이 되어 대화를 해 봅시다.

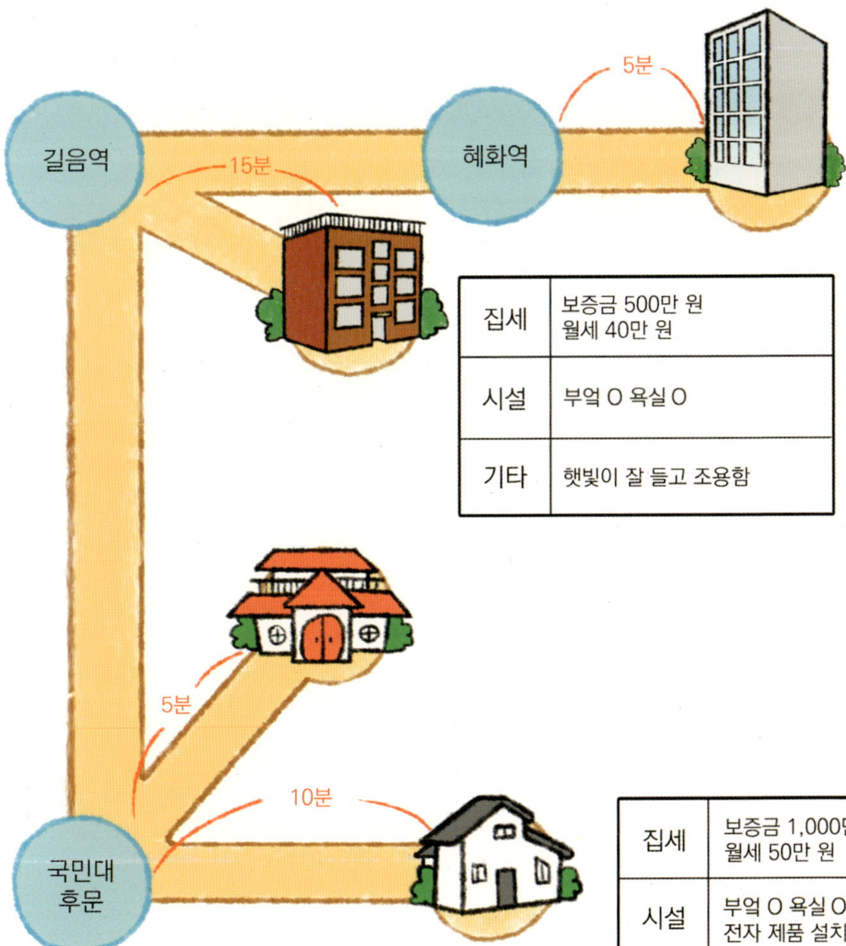

집세	보증금 없음 월세 35만 원
시설	부엌 X 작은 욕실 O

집세	보증금 500만 원 월세 40만 원
시설	부엌 O 욕실 O
기타	햇빛이 잘 들고 조용함

집세	보증금 1,000만 원 월세 50만 원
시설	부엌 O 욕실 O 전자 제품 설치되어 있음
기타	새로 지어서 넓고 깨끗함

듣고 말하기

- 한국에서는 언제 집들이를 합니까?
- 집들이에 갈 때 뭘 사 가지고 가면 좋습니까?

미리 듣기

- 다음을 듣고 이야기해 봅시다. 03-3

1) 대화를 듣고 맞는 그림을 고르십시오.

• 대화 ① (　　　)
• 대화 ② (　　　)

가.

나.

2) 듣고 이야기해 봅시다.

① 초대 받은 집에 가서 식사할 때 어떻게 말하면 좋습니까?

② 집에 손님이 왔을 때 어떻게 말하면 좋습니까?

듣기

- 알렉세이와 윤아가 집들이에 대해 이야기합니다. 들어 봅시다. 03-4

1. 듣고 이야기해 봅시다.

1) 알렉세이는 윤아에게 무엇에 대해 질문했습니까? 세 가지를 말해 보십시오.

2) 집들이에 갈 때 무엇을 사 가면 좋습니까?

2. 들은 내용과 같으면 O, 다르면 × 하십시오.

1) 알렉세이는 친구의 결혼식에 선물을 사 갈 것이다. ( )
2) 한국에서는 집들이 때 집을 청소하기 때문에 세제를 선물한다. ( )
3) 한국에서는 집에 들어갈 때 신발을 벗는다. ( )
4) 윤아는 아직 결혼을 하지 않았다. ( )
5) 윤아는 곧 집들이를 할 것이다. ( )

3. 친구와 묻고 대답해 봅시다.

1) 집들이에 갈 때 휴지를 사 가는 이유는 무엇입니까?
2) 집들이에 갈 때 세제를 사 가는 이유는 무엇입니까?
3) 윤아는 한국 사람 집을 방문할 때 무엇을 주의하라고 했습니까?
4) 한국에서 집들이에 가면 보통 무엇을 합니까?

4. 발음에 주의하면서 듣고 따라 해 봅시다. 03-5

1) 한국에서는 집들이 때 두루마리 휴지나 세제를 많이 사 가요.

2) 집 구경도 하고 결혼사진도 봐요.

3) 집 구경하면서 집이 예쁘다고 칭찬해 주세요.

4) 이 물건을 여기에 쌓아 주세요.

활동 여러분 나라에서는 다른 사람 집을 방문할 때 어떻게 합니까? 이야기해 봅시다.

나라	무슨 일로 방문합니까?	무슨 선물을 준비합니까?	무엇을 주의해야 합니까?

문법 3 -잖아요

1. 다시 들어 봅시다. 03-6

알렉세이	집들이 선물로 왜 세제를 사 가요?
윤아	세제는 거품이 많이 **나잖아요**. 그렇게 행복한 일들이 많이 생기라고 세제를 사 가는 거예요.

2. 다음과 같이 묻고 대답해 봅시다.

가: 오늘은 도서관에 학생들이 별로 없네요.
나: 지난주에 시험이 끝났잖아요.

가	나
1) 오늘은 도서관에 학생들이 별로 없네요.	지난주에 시험이 끝났다
2) 유학생들은 쇼핑할 때 명동에 제일 많이 가는 것 같아요.	옷 가게가 많다
3) 그 가수는 왜 그렇게 인기가 많아요?	노래를 잘하다
4) 토요일에 부산에 가야 하는데 길이 막힐 것 같아요. 어떡하지요?	KTX를 타면 되다
5) 말하기 대회에서 마키 씨가 상을 받았어요.	한국어 실력이 좋다

3. 특별한 날에 어떤 선물을 준비하는 것이 좋습니까? 이야기해 봅시다.

어버이날(5/8) 밸런타인데이(2/14) 졸업식

가: 이번 어버이날에 부모님 선물을 뭘 사 갈까 고민돼요. 뭘 사 가는 게 좋을까요?
나: 음, 한국 화장품이 인기가 많잖아요. 화장품을 사 가세요.
가: 그거 좋네요. 시간 되면 같이 선물 사러 갈래요?
나: 좋아요. 어디로 갈까요?

읽고 말하기

- 여러분은 한국의 전통 집인 한옥에 가 본 적이 있습니까?

- 한옥은 어떻습니까?

미리 읽기

- 아래 사진은 국민대학교 후문 근처에 있는 '명원민속관'입니다. 한옥을 구성하고 있는 건물의 명칭을 알아봅시다.

읽기

● 한옥의 특징을 설명하는 글입니다. 읽어 봅시다.

국민대학교 후문 앞에는 '명원민속관'이라는 큰 한옥이 있다. 이곳은 현재 한국의 전통문화를 배우거나 체험하는 장소로 사용되고 있다. 명원민속관은 조선 시대 때 양반의 집이었는데 여기에 가면 한옥의 특징을 잘 볼 수 있다.

〈정자〉

한옥은 남자와 여자가 생활하는 곳이 달랐다. 남자들은 주로 사랑채에서 생활했다. 그리고 손님이 오면 이곳에서 차를 대접하거나 자녀들에게 공부를 가르쳤다. 여자들은 주로 부엌과 안방이 있는 안채에서 생활했다. 안채는 집에서 가장 안쪽에 있는데 옛날 여자들은 남편이나 친척이 아닌 남자들을 만나면 안 되었기 때문이다. 여자들은 이곳에서 살림을 하고 가족의 큰 행사를 준비하며 아이들을 키웠다. 한옥은 이렇게 남자와 여자가 생활하는 곳이 다른 것이 특징이다.

〈정자에서 보는 경치〉

또 다른 한옥의 특징은 한국의 자연과 잘 어울리고 그 안에 살면서 자연을 즐길 수 있다는 것이다. 한옥은 나무나 흙 등 자연에서 얻은 재료로 지으며 모양과 색깔이 주변 자연 환경과 잘 어울린다. 또 한옥에는 보통 마당이 있고 명원민속관처럼 큰 한옥에는 연못과 정자도 있다. 정자의 문을 모두 열면 그림 같은 경치를 볼 수 있다. 옛날 사람들은 이 정자에서 아름다운 경치를 보면서 편안한 시간을 가졌다.

한옥에 가 보면 옛날 한국 사람들이 어떻게 생활했는지 알 수 있다. 가까운 명원민속관에 가서 한옥의 멋과 여유를 즐겨 보면 좋을 것이다.

1. 다음 질문에 답하십시오.

1) 명원민속관은 현재 어떤 곳입니까?

2) 한옥은 어떤 특징을 가지고 있습니까?

2. 글의 내용과 같으면 O, 다르면 X 하십시오.

1) 한옥을 방문한 손님들은 사랑채에서 차를 마셨다. ( )
2) 옛날 여자들은 안채에서 아이들에게 공부를 가르쳤다. ( )
3) 한옥은 자연에서 얻은 재료를 사용해서 짓는다. ( )
4) 정자의 문을 열면 그림을 볼 수 있다. ( )

3. 친구와 묻고 대답해 봅시다.

1) 명원민속관은 과거에 어떤 곳이었습니까?
2) 사랑채에서는 누가, 무엇을 했습니까?
3) 안채에는 무엇이 있습니까?
4) 안채에서는 누가, 무엇을 했습니까?
5) 한옥의 정자에 대해 설명해 보십시오.

활동 여러분 나라의 옛날 집에 대해 이야기해 봅시다.

□ 이름 □ 특징 □ 재료 □ 기타

문법 4 -(으)며

1. 다시 읽어 봅시다.

여자들은 안채에서 살림을 하고 가족의 큰 행사를 **준비했으며** 아이들을 키웠다.

2. 다음과 같이 말해 봅시다.

그 아파트는 교통이 편리하다 – 주변에 편의 시설도 많다
→ 그 아파트는 교통이 편리하며 주변에 편의 시설도 많다.

1) 그 아파트는 교통이 편리하다 – 주변에 편의 시설도 많다
2) 국민대 기숙사는 싸고 깨끗하다 – 시설이 좋다
3) 부모님은 상해에 살고 계시다 – 식당을 운영하시다
4) 제주도는 바람이 많이 불다 – 바다 색깔이 아름답다
5) 한국의 전통 집은 한옥이다 – 전통 옷은 한복이다
6) 한글은 세종 대왕이 만들었다 – 누구나 배우기가 쉽다

3. 다음과 같이 쓰고 이야기해 봅시다.

우리 나라 (한국) - 한국은 아시아에 있고 수도는 서울이며 한국어를 사용한다.

우리 나라 (　　　)	
내 고향	

04 문제 해결

어휘·표현

문제 상황 관련 어휘

말하기

문법 피동[1] (–이–, –히–, –리–, –기–)

피동[2] (–아지다/어지다)

핸드폰 고장 상황 설명하기

서비스 센터 방문하기

듣고 말하기

택배 기사와의 전화 대화

문법 (이)라서

읽고 쓰기

교환/환불을 요청하는 인터넷 게시판 글

문법 –아/어 있다

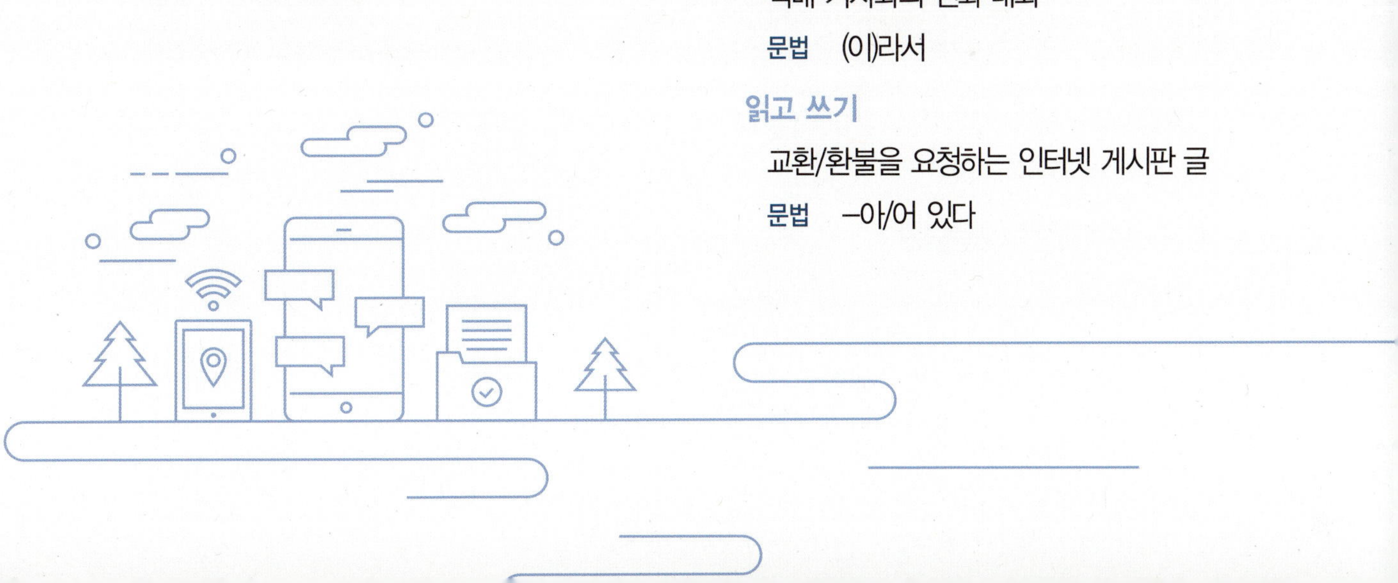

04과 문제 해결

준비

● 여러분은 다음과 같은 경험이 있습니까?

● 문제를 어떻게 해결했습니까?

어휘 · 표현

1. 여러분은 전자 제품을 사용하면서 다음과 같은 경험을 한 적이 있습니까?

사용하다	문제가 생기다	문제를 해결하다
	이상이 있다 고장이 나다 안 되다	고치다 수리하다

1) 전자 제품 사용과 관련된 표현을 더 알아봅시다.

화면이 나오다	소리가 나오다	버튼을 누르다
전원을 켜다/끄다	충전을 하다/충전이 되다	배터리가 닳다

● 다음 상황에서 사용할 수 있는 표현을 찾아 써 봅시다.

①

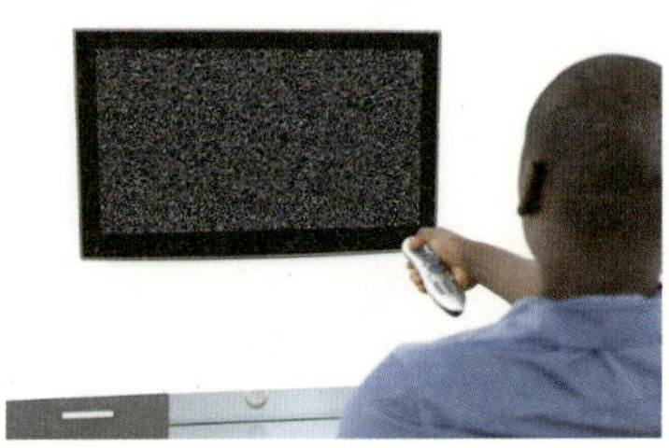

✔ 전원을 켜다

✔

②

✔

✔

③

✔

✔

2) 전자 제품 사용에 문제가 생겼을 때 어떤 방법으로 해결합니까?

사용 설명서를 읽다	설정을 확인하다	전화/인터넷으로 문의하다	서비스 센터에 가다

2. 인터넷 쇼핑을 하면서 문제가 생긴 적이 있습니까?

1) 어떤 문제를 어떻게 해결했는지 아래의 표현을 사용하여 이야기해 봅시다.

구매하다 → 배송이 안 되다 / 다른 물건이 오다 / 물건에 이상이 있다 → 문의하다 / 교환하다 / 환불하다

2) 인터넷으로 산 물건을 배송 받으려고 합니다. 직접 받을 수 없을 때 어떻게 합니까?

① 배송 요청 사항 말하기

② 배송 메시지 작성하기

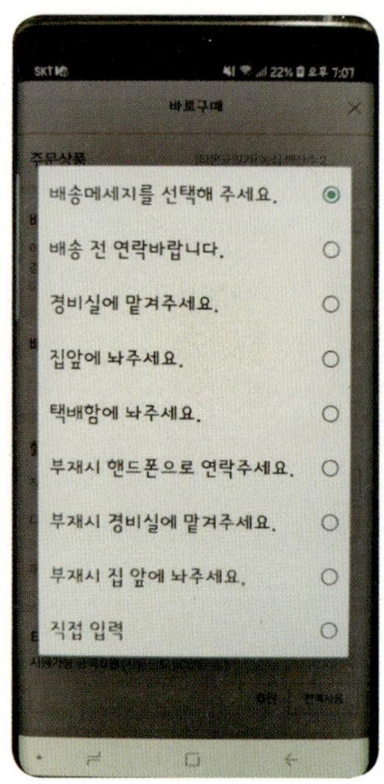

말하기

문법 1 피동[1] (-이-, -히-, -리-, -기-)

무슨 일이에요?

도둑이 **잡혔어요**.

경찰이 잡았어요?

아니요, 옆집 아저씨에게 **잡혔어요**.

1. 다음과 같이 말해 봅시다.

> 경찰이 도둑을 잡았어요.
> 도둑이 경찰에게 잡혔어요.

1)

고양이가 쥐를 쫓아요.
쥐가 ____________________

2)

엄마가 아기를 안았어요.
아기가 ____________________

3)

개가 남자를 물었어요.
남자가 ____________________

2. 다음과 같이 묻고 대답해 봅시다.

> **가:** 왜 귀를 막고 있어요?
> **나:** 음악 소리가 크게 들려서 시끄러워요.

1) 선생님에게 왜 이렇게 말했어요?

2) 왜 방에 못 들어가고 있어요?

3) 왜 바나나를 못 샀어요?

4) 왜 집 앞을 청소하고 있어요?

문법 2 피동[2] (–아지다/어지다)

투이 씨, 빨리 촛불을 끄세요.

알았어요. 후~

촛불 하나가 아직 안 **꺼졌네요.**

다시 불어 보세요.

1. 다음과 같이 말해 봅시다.

친구가 커피를 쏟았어요. → 커피가 쏟아졌어요.

1) 친구가 컵을 깼어요.→ 컵이 __________

2) 친구가 종이를 찢었어요. → 종이가 __________

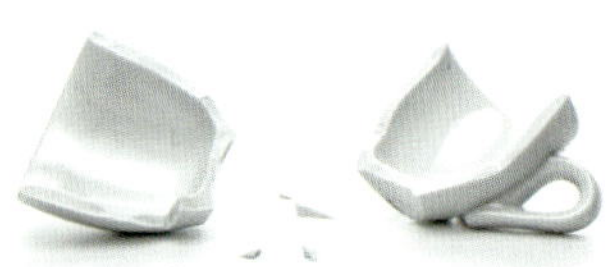

3) 친구가 글씨를 지웠어요. → 글씨가 __________

4) 친구가 텔레비전을 켰어요. → 텔레비전이 __________

2. 피동 표현을 사용해서 이야기해 봅시다.

가: 뭐가 깨졌어요?
나: 창문이 깨졌어요. **다:** 컵이 깨졌어요. **라:** 유리가 깨졌어요.

깨다 쏟다 끄다 찢다 지우다 끊다

대화 1

● 간토야와 알렉세이가 무엇에 대해 이야기합니까? 04-1

간토야	알렉세이, 내가 아까 전화했는데 왜 그냥 끊었어?
알렉세이	전화 받으니까 아무 소리도 안 들리고 그냥 끊어졌어.
간토야	이상하다. 내가 몇 번이나 "알렉세이, 알렉세이" 불렀는데.
알렉세이	요즘 내 핸드폰이 좀 이상해. 전화도 자주 끊기고 상대방 목소리도 잘 안 들려.
간토야	전원을 껐다 켜 봤어?
알렉세이	해 봤지. 그런데 소용없어.
간토야	고장 난 거 같은데 서비스 센터에 가 봐.
알렉세이	그래야겠다.

1. 확인해 봅시다.

   1) 알렉세이의 핸드폰은 어떤 문제가 있습니까?

   2) 간토야는 알렉세이에게 어떻게 하라고 했습니까?

2. 대화를 만들어서 발표해 봅시다.

상대방 목소리도 잘 안 들리다	전원을 껐다 켜다
영상 통화 할 때 화면도 안 보이다	핸드폰의 설정을 확인하다
동영상도 자꾸 끊기다	무선 인터넷(Wifi)을 확인하다
배터리도 빨리 닳다	충분히 충전하다

대화 2

알렉세이가 서비스 센터를 방문했습니다. 어떻게 이야기합니까?

1. 대화를 만들어 봅시다.

대화에 무슨 내용이 필요해요?	어떤 표현을 사용할 수 있어요?
문제 상황 설명하기	__이/가 (피동 표현)
문제 원인과 수리 방법 설명하기	-아서/어서 그렇습니다, -아야/어야 합니다
수리 비용 묻기	(수리) 비용이 얼마나 들어요?
수리 시간/기간 묻기	(수리) 시간이 얼마나 걸려요?

2. 대화를 들으면서 확인해 봅시다. 04-2

직원 어떻게 오셨습니까?
알렉세이 전화가 자주 끊겨요. 상대방 목소리도 잘 안 들리고요.
직원 알겠습니다. 확인해 보겠습니다.

* 확인 후*

직원 이 부품에 문제가 생겨서 그렇습니다. 부품을 교체하셔야 해요.
알렉세이 그래요? 비용은 얼마나 드나요?
직원 10만 원 정도 나올 겁니다. 수리하시겠어요?
알렉세이 네, 해 주세요. 시간은 얼마나 걸릴까요?
직원 한 시간쯤 걸립니다. 수리가 끝나면 이름을 불러 드리겠습니다.
알렉세이 알겠습니다. 감사합니다.

3. 확인해 봅시다.

1) 알렉세이의 핸드폰이 고장 난 이유는 무엇입니까?

2) 수리 시간은 얼마나 걸립니까?

활동

- 전자 제품에 문제가 생겨서 서비스 센터에 갔습니다. 손님과 직원이 되어 대화를 만들어 봅시다.

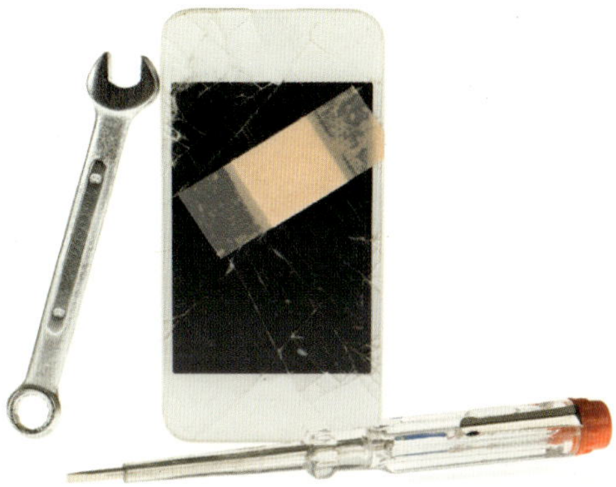

문제 상황	문제 원인
✓ 전원이 안 켜져요. ✓ 전원이 자꾸 꺼져요.	✓ 프로그램에 문제가 있네요.
✓ 배터리가 빨리 닳아요. ✓ 충전이 안 돼요.	✓ 배터리에 문제가 있네요.
✓ 화면이 잘 안 보여요. ✓ 상대방 목소리가 잘 안 들려요. ✓ 사진이 안 찍혀요. ✓ 버튼이 잘 안 눌러져요.	✓ 부품(화면, 스피커, 카메라, 버튼 등)에 문제가 있네요.

문제 상황 설명하기 → 문제 원인 설명하기 → 수리 방법 설명하기 → 수리 기간/비용 묻기

듣고 말하기

- 여러분의 나라 사람들은 택배를 자주 이용합니까?
- 택배를 보내고 받을 때 어려운 점이 있습니까?

미리 듣기

- 두 사람의 대화를 듣고 이야기해 봅시다. 04-3

1) 대화를 듣고 맞는 그림과 연결하십시오.

대화 1 • •

대화 2 • •

2) 다음의 표를 완성하십시오.

	남자가 보내려는 물건은 무엇입니까?	어떤 방법으로 보내려고 합니까?
대화 1		
대화 2		

듣기

- 장설과 택배 기사가 전화로 이야기합니다. 들어 봅시다. 04-4

1. 듣고 이야기해 봅시다

1) 두 사람은 무엇에 대해 이야기하고 있습니까?

2) 장설은 왜 지금 우편물을 받을 수 없습니까?

2. 들은 내용과 같으면 O, 다르면 × 하십시오.

1) 장설은 내일 오전에 수업이 없다. (　　)
2) 택배 기사는 오늘 오후에 다시 방문할 것이다. (　　)
3) 등기 우편물을 우체국에서 찾을 때는 신분증이 필요하다. (　　)
4) 등기 우편물은 평일에 오후 여덟 시까지 찾을 수 있다. (　　)

3. 친구와 묻고 대답해 봅시다.

1) 장설이 택배 기사에게 요청한 것 세 가지는 무엇입니까?
2) 택배 기사는 그 요청을 왜 들어줄 수 없습니까?
3) 장설은 등기 우편물을 받기 위해 어떻게 해야 합니까?

4. 발음에 주의하면서 듣고 따라 해 봅시다. 04-5

1) 네, 감사합니다. [감사함니다]
2) 집에 없는데 어떻게 하지요? [엄는데]
3) 수업이 한 시에 끝나니까 오후에 다시 와 주시면 안 될까요? [끈나니까]
4) 길음역 근처에 있는 성북 우체국으로 오시면 돼요. [인는]

활동 택배 기사가 붙인 '안내서'입니다. 빈칸에 알맞은 말을 쓰고 읽어 봅시다.

우편물 도착 안내서

장설 님에게 우편물이 왔습니다.

오늘(6월 10일 11시경) 고객님의 우편물을 배달하기 위해 방문하였으나 부재중으로 배달하지 못하여 안내드립니다.

☑ 등기　　　☐ 택배

2회 방문 : 6월 11일 11시~12시 사이에 다시 방문하겠습니다.

- 2회 방문 시에도 안 계시면 아래의 기간 안에 ① ________에 방문하여 우편물을 찾아가셔야 합니다.
- 보관 기간 : 6월 ② ________까지 보관하겠습니다.
- 우체국 방문 시 : ③ ________을 가지고 오십시오.

담당 기사 : 박 해 일
010-1234-5678

* 우편물을 찾는 시간과 장소 안내는 뒷면에 있습니다.

문법 3 (이)라서

1. 다시 들어 봅시다. 04-6

택배 기사 장설 씨, 지금 집에 계세요?
장설 아니요, 제가 지금 수업 **중이라서** 학교에 있어요.

2. 다음과 같이 묻고 대답해 봅시다.

가: 길이 많이 막히네요.
나: 퇴근 시간이라서 차가 많네요.

가	나
1) 길이 많이 막히네요.	퇴근 시간
2) 학교가 왜 이렇게 조용하지요?	방학
3) 왜 선물을 샀어요?	친구 생일
4) 도서관에 사람이 많아서 자리가 없어요.	시험 기간
5) 왜 전화를 안 받았어요?	운전 중

3. 같이 이야기해 봅시다.

외국인
좋은 점/불편한 점

미성년자/성인
할 수 있는 일/할 수 없는 일

남자/여자
좋은 점/불편한 점
할 수 있는 일/할 수 없는 일

가: 한국에 살 때 외국인이라서 좋은 점이 있어요?
나: 음, 외국인이라서 여러 가지 할인을 받을 수 있으니까 좋아요.
다: 저는 외국인이라서 불편한 점이 있어요.

읽고 쓰기

- 인터넷으로 구매한 물건에 문제가 있었던 적이 있습니까? 어떤 문제가 있었습니까?
- 그때 어떻게 했습니까?

미리 읽기

- 인터넷 쇼핑몰 화면을 보고 이야기해 봅시다.

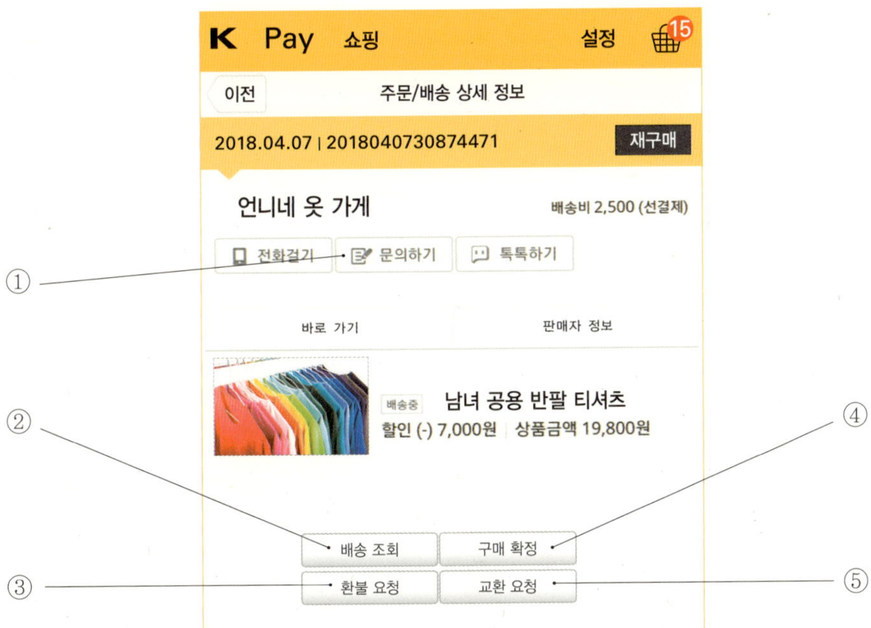

- 아래 상황에서 어떤 버튼을 눌러야 합니까? 빈칸에 써 봅시다.

1) 이 상품에 대해 질문하고 싶다	① 문의하기
2) 이 상품이 어떻게 배송되고 있는지 알고 싶다	
3) 이 상품을 다른 것으로 바꾸고 싶다	
4) 이 상품을 환불하고 싶다	
5) 이 상품을 사용할 마음이 있다	

읽기

인터넷 쇼핑몰에서 물건을 산 고객이 쓴 글입니다. 읽어 봅시다.

ENG CHI LOGIN SITEMAP

CATEGORY NEW BEST **shopping**

#고객1. 제목: 찢어진 책을 받았어요.

안녕하세요. 어제 주문한 책을 오늘 받았습니다.
그런데 책 표지가 찢어져 있습니다.
교환을 하고 싶은데 가능할까요?

ㄴ **제목: 정말 죄송합니다, 고객님.**

안녕하세요. 국민 서점 고객 센터입니다.
불편을 드려 죄송합니다. 잘못된 책을 받았을 때는 교환 요청 후 택배로 보내 주세요. 확인한 후 새 책으로 교환해서 보내 드리겠습니다. 교환은 5~7일 정도 걸릴 수 있으니 양해 부탁드립니다.
다른 문의 사항이 있으시면 고객 센터 1544-1234로 연락 주세요. 이용해 주셔서 감사합니다.

하루 동안 이 창 보지 않기 ☐

#고객2. 제목: 환불해 주세요.

12월 17일에 향수를 주문한 사람입니다. 오늘 향수를 받았습니다. 그런데 상자를 열기 전부터 향수 냄새가 심하게 나는 거예요. 이상하다고 생각하면서 상자를 열어 보니까 향수병이 깨져 있었어요. 향수도 거의 다 쏟아졌고요.
크리스마스에 여자 친구에게 선물할 거라서 미리 주문한 건데, 이런 물건을 받으니까 정말 화가 나네요. 오늘이 벌써 12월 22일인데 교환하거나 다른 물건을 주문해도 크리스마스 전에 받을 수 없을 것 같습니다. 당장 환불해 주세요.

* 물건 사진 첨부합니다.

첨부 파일

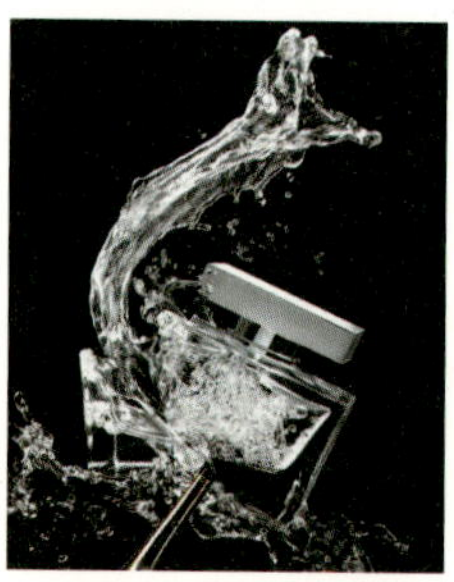

하루 동안 이 창 보지 않기 ☐

#고객3. 제목: 벨트가 안 왔어요.

바지하고 벨트가 세트인 상품을 주문했어요. 그런데 바지만 들어 있고, 벨트는 안 들어 있네요.
벨트만 따로 보내 주시는 건가요?
아니면 바지를 돌려보낸 후에 새 상품을 다시 받아야 하는 건가요?
고객 센터에 전화를 몇 번이나 했는데 연결이 안 되니까 답답하네요.
빠른 답변 기다리겠습니다.

하루 동안 이 창 보지 않기 ☐

1. 읽고 이야기해 봅시다.

1) 고객들이 이 글을 쓴 이유는 무엇입니까?

2) 고객들의 문제는 무엇입니까?

	구매 물품	문제 상황
고객1		
고객2		
고객3		

2. 글의 내용과 같으면 O, 다르면 X 하십시오.

1) 고객1은 책을 환불하려고 한다. ( )
2) 고객1은 5~7일 뒤에 새 책을 받을 수 있다. ( )
3) 고객2는 여자 친구에게 향수를 선물하려고 했다. ( )
4) 고객3은 글을 올리기 전에 고객 센터 직원과 먼저 통화를 했다. ( )

3. 친구와 묻고 대답해 봅시다.

1) 고객1은 책을 교환하기 위해서 어떻게 해야 합니까?
2) 고객2는 왜 교환하지 않고 환불을 하려고 합니까?
3) 고객3이 질문한 내용은 무엇입니까?

활동 인터넷 쇼핑몰에서 구매한 접시에 문제가 있습니다. 교환이나 환불을 요청하는 글을 써 봅시다.

제목 :

〈첨부 파일〉

문법 4 -아/어 있다

1. 다시 읽어 봅시다.

책 표지가 **찢어져 있습니다**. 교환을 하고 싶은데 가능할까요?

2. 그림을 보고 방을 설명해 봅시다.

불이 켜져 있어요.

1) 불 2) 신문 3) 꽃병 4) 컴퓨터 5) 창문
6) 서랍 7) 시계 8) 빨래 9) 고양이 10) 사진

3. 친구 방에 가서 물건을 찾고 있습니다. 위 그림을 보고 이야기해 봅시다.

가: 방에 왔어요. 열쇠가 어디에 있어요?
나: 의자 옆에 가방이 보여요?
가: 네, 보여요.
나: 가방 안에 열쇠가 들어 있어요.

1) 열쇠
2) 지갑
3) 모자
4) 노트북

쓰기 2 알아보기

말하기 표현과 쓰기 표현의 차이점 2

1. 다음을 읽고 두 문장이 어떻게 다른지 이야기해 봅시다.

▶ 이 축제에 가면 특별한 음식을 먹을 수 있**고** 예쁜 사진도 무료로 찍을 수 있어.

▶ 이 축제에 가면 특별한 음식을 먹을 수 있**으며** 예쁜 사진도 무료로 찍을 수 있다.

2. 두 문장을 연결하여 한 문장으로 만들어 봅시다.

1) ______(문장)______ + 연결 표현 + ______(문장)______.

←		→
-아/어 가지고 -(으)니까	-아서/어서 -기 때문에	-(으)므로
	-고	-(으)며
	-지만	-(으)나
	-는데/(으)ㄴ데	
	-아도/어도	

▶ 지난주에 이사했는데 지하철역이 멀**어 가지고** 너무 불편해요.

▶ 이 지역은 환경이 아주 좋고 교통이 편리하**기 때문에** 월세가 비싸다.

2) ______(문장)______. + 접속 부사 + ______(문장)______.

←		→
그러니까	그래서	그러므로
	그리고	
	하지만	그러나
	그런데	
	그래도	
		따라서

▶ 요리 책을 보고 만들었어요. **그런데** 별로 맛이 없어요.

▶ 그들은 서로 사랑했다. **그러나** 부모님의 반대로 결혼을 하지 못 했다.

3. 알맞은 것을 골라 문장을 연결해 봅시다.

1) 요즘은 방학이에요. (그래도, 그래서, 하지만) 학교에 학생들이 별로 많지 않아요.
2) 주말에는 교통이 복잡해요. (그리고, 그래서, 그러니까) 일찍 출발합시다.
3) 간토야 씨가 이번 시험을 아주 잘 봤다고 했어요. (그러니까, 그런데, 그리고) 왜 장학금을 못 받았을까요?
4) 저는 제프리 씨가 여자 친구가 있는지 궁금했어요. (그리고, 그러니까, 하지만) 물어보지 못했어요.
5) 운동을 좋아하지 않아요. (그래도, 그래서, 그리고) 건강을 위해서 매일 하려고 노력하고 있어요.

위의 두 문장을 한 문장으로 바꿔서 말해 봅시다.

1) 요즘은 방학이어서 학교에 학생들이 별로 많지 않아요.

2)

3)

4)

5)

4. 알맞은 것을 골라 문장을 연결해 봅시다.

1) 이 선생님은 잘 가르치신다. (그리고, 그래도, 그러나) 성격도 좋으시다.
2) 그 남자는 합격하기 위해서 열심히 공부했다. (그러나, 그러므로, 그리고) 시험에 떨어졌다.
3) 우리 고향은 날씨가 항상 춥다. (그래서, 그러므로, 그런데) 이 지역은 일 년 내내 따뜻하다.
4) 손이 더러우면 병에 걸리기 쉽다. (그리고, 그러므로, 그러나) 손을 자주 씻는 것이 좋다.

위의 두 문장을 한 문장으로 바꿔서 써 봅시다.

1) 이 선생님은 ______________________________.

2) 그 남자는 ______________________________.

3) 우리 고향은 ______________________________.

4) 손이 더러우면 ______________________________.

설명하는 글 1

1. 설명하는 글은 어떻게 써야 합니까?

글의 구성	
처음	– 대상을 간단하게 소개한다.
가운데	– 단락을 나누어 주제에 맞게 자세하게 설명한다.
끝	– 위에서 설명한 내용을 간단히 정리한다.

2. 글을 쓰기 전에 개요를 작성해 봅시다.

개요 작성의 장점	
	• 어떤 내용을 어떤 순서로 쓸지 계획을 세울 수 있다. • 각 단락의 내용을 균형 있게 쓸 수 있다.

- 앞에서 읽은 한옥의 특징에 대한 글의 개요표를 살펴봅시다.

처음	대상 소개	한옥은 조선 시대 양반의 집이다.
가운데	구조	한옥은 남자와 여자의 생활 공간이 구분되어 있다. – 남자는 사랑채, 여자는 안채에서 생활했다.
	재료	한옥은 자연에서 얻은 재료로 짓는다.
	주변 환경	한옥은 자연과 잘 어울린다. – 한옥 안에는 연못과 정자가 있다.
끝	내용 정리	한옥을 보면 옛날 한국 사람들의 생활을 알 수 있다.

3. 여러분 나라의 전통 집에 대해 글을 써 봅시다. 어떤 내용을 쓸지 생각을 정리해 봅시다.

〈 ______________ 의 전통 집 〉

전통 집

- 재료
  - ·
  - ·
  - ·
- 구조
  - ·
  - ·
  - ·
- 주변 환경
  - ·
  - ·
  - ·
- 시설
  - ·
  - ·
  - ·

4. 전통 집에 대해 설명하는 글을 완성해 봅시다.

○○○○의 전통 집

나라마다 독특한 전통 집이 있다. 전통 집은 그 나라의 날씨나 생활 습관의 영향을 많이 받는다. ○○○○에도 □□□이라는 전통 집이 있는데 이 집의 특징을 살펴보면 다음과 같다.

이와 같이 전통 집을 보면 옛날 사람들의 생활과 문화를 알 수 있다.

05
여가

어휘·표현

여가 생활 어휘

말하기

문법 –(으)ㄹ 만하다

–던데

주말에 갈 만한 곳 추천하기

여가 활동 질문하고 답하기

듣고 말하기

캠핑장 이용 문의 전화

문법 –ㄴ다면서요/는다면서요?

읽고 말하기

DDP 서울 밤도깨비 야시장 탐방기

문법 –았던/었던

05과 여가

준비

- 여러분은 여가 시간에 주로 무엇을 합니까?

- 여러분 나라에서는 어떤 여가 활동이 인기가 많습니까?

어휘 · 표현

1. 여러분은 언제 시간이 납니까? 그때 어떻습니까?

주말 방학 연휴 명절	여유가 있다/여유롭다 한가하다 심심하다 지루하다

2. 여가 활동에 대해 이야기해 봅시다.

1) 여가 활동에는 어떤 것들이 있습니까?

취미 관람 휴식 관광

① 취미	②	③	④
운동을 하다 악기를 연주하다 외국어를 배우다	공연을 보다 전시회에 가다 영화를 감상하다 운동 경기를 관람하다	여행하다 관광지에 가다 명소를 방문하다	집에서 쉬다 목욕을 하다 텔레비전을 보다

2) 여가 활동을 하면 어떤 점이 좋습니까?

스트레스가 풀리다
재충전을 하다
활기차게 생활하다

3. 여가를 즐길 수 있는 장소에 대해 알아봅시다.

1) 한국인이 여가 시간에 즐겨 찾는 장소에는 어떤 곳이 있습니까?

캠핑장	국립 공원	놀이공원	해수욕장/해변

2) 여가 시설 이용과 관련된 어휘를 알아봅시다.

예약하다	입장하다	대여하다/반납하다	주의하다
숙박 시설 좌석	입장권 입장료	텐트 장비	흡연 취사 쓰레기 분리수거

3) 다음은 캠핑장에서 볼 수 있는 안내문입니다. 빈칸에 알맞은 단어를 골라 쓰십시오.

대여료	체크인	체크아웃	주의 사항

캠핑장 이용 안내

- 텐트 ①
  - ✓ 4인 가족용 텐트: 33,000원
  - ✓ 몽골 텐트 6인~10인용: 50,000원
- 이용 시간
  - ✓ ② : 오전 10시 30분부터
  - ✓ ③ : 다음 날 오전 09시 30분까지
- ④
  - ✓ 인라인스케이트, 자전거 등을 타지 마세요.
  - ✓ 캠핑장 내에 반려동물을 데리고 오지 마세요.
  - ✓ 타인에게 피해를 주는 행동을 하지 마세요.
    (축구, 야구 등의 운동, 소음 등)

말하기

문법 1 -(으)ㄹ 만하다

주말에 여자 친구와 데이트할 건데 어디에 가면 좋을까요?

서울 타워에 가 보세요. 야경이 정말 **볼 만해요.**

1. 다음과 같이 묻고 대답해 봅시다.

> **가:** 제주도에 가서 뭘 먹으면 좋을까요? 추천 좀 해 주세요.
> **나:** 흑돼지 삼겹살이 진짜 먹을 만해요.

1) 제주도에 가서 뭘 먹으면 좋을까요?
2) 한국 드라마를 보고 싶은데 뭐가 재미있어요?
3) 학교 식당에서 파는 음식 중에서 뭐가 제일 맛있어요?
4) 고향 친구들에게 선물을 하고 싶은데 뭐가 좋을까요?
5) 고향에서 부모님이 오시는데 어디에 가면 좋을까요?

2. 친구가 여러분의 나라나 고향으로 여행을 가면 무엇을 추천하겠습니까? 이야기해 봅시다.

구경할 만한 곳 | 살 만한 것 | 먹어 볼 만한 음식

> **가:** 이번 방학에 러시아에 여행을 가려고 하는데 가 볼 만한 곳을 추천해 주세요.
> **나:** 모스크바 붉은 광장에 가 보세요. 아름다운 건축물이 볼 만해요.
> **가:** 먹어 볼 만한 음식은 뭐가 있어요?

문법 2 –던데

 머리를 자르러 갈 건데 어디가 싸고 좋아요?

 학교 앞 미용실이 싸고 **좋던데** 거기 한번 가 보세요.

1. 다음과 같이 묻고 대답해 봅시다.

가: 이번 축제에서 노래 대회를 한다고 하는데 누가 나가면 좋을까요?
나: 마키가 노래를 잘하던데 마키한테 나가 보라고 하세요.

가	나
1) 이번 축제에서 노래 대회를 한다고 하는데 누가 나가면 좋을까요?	마키가 노래를 잘하다
2) 예쁜 옷 좀 사고 싶은데 어디로 가면 좋을까?	홍대가 쇼핑하기 좋다
3) 혹시 지훈 씨가 어디 있는지 알아요?	지훈 씨는 도서관에 있다
4) 우리 어디에서 숙제할까?	커피숍이 조용하다
5) 이번 주말에 뭐 할까요?	달력을 보니까 다음 주 월요일이 마키 생일이다

2. 같이 이야기해 봅시다.

한국어 공부가 어려운데 어떻게 공부하면 좋을까요?

주말에 친구가 오는데 어디에 가면 좋을까요?

재미있는 영화를 보고 싶은데 무슨 영화를 보면 좋을까요?

가: 한국어 공부가 어려운데 어떻게 공부하면 좋을까요?
나: 드라마를 보면 좋아요.
가: 그래요? 무슨 드라마가 볼 만해요?
나: '그 남자 그 여자'가 아주 재미있던데 한번 보세요.

대화 1

● 윤아와 이리나가 무엇에 대해 이야기합니까? 05-1

이리나 주말에 친구가 놀러 오는데
갈 만한 곳 좀 추천해 주세요.

윤아 혹시 통인 시장 가 봤어요?

이리나 통인 시장요?

윤아 네, 전에 가 보니까 괜찮던데
한번 가 보세요. 학교에서도 가까워요.

이리나 거긴 뭐가 유명해요?

윤아 엽전 도시락이 유명해요.
엽전으로 음식을 사서 도시락에
담아 먹는 건데 먹어 볼 만해요.

이리나 좋은 데를 알려 줘서 고마워요. 꼭 가 볼게요.

윤아 친구하고 즐거운 시간 보내세요.

1. 확인해 봅시다.

1) 윤아가 이리나에게 추천한 곳은 어디입니까?

2) 그곳에서 유명한 것은 무엇입니까?

2. 대화를 만들어서 발표해 봅시다.

통인 시장	엽전 도시락	엽전으로 음식을 사서 도시락에 담아 먹는 건데 먹어 볼 만하다
광장 시장	빈대떡	시장 가운데에 음식을 파는 가게들이 아주 많은데 먹어 볼 만하다
북촌 한옥 마을	한옥	한옥이 있는 길이 예쁘고 작은 박물관들도 많아서 구경할 만하다
북서울 꿈의 숲	숲길	공기도 깨끗하고 나무도 많아서 산책할 만하다

대화 2

● 간토야와 제프리가 여가 활동에 대해 이야기합니다. 여가 활동을 추천 받고 싶을 때 어떻게 이야기합니까?

1. 대화를 만들어 봅시다.

대화에 무슨 내용이 필요해요?	어떤 표현을 사용할 수 있어요?
여가 활동 묻기	한가할 때/시간 있을 때 뭐 해요?
여가 활동 대답하기	-거나
추천 요청하기	-(으)ㄹ 만한 ___이/가 있으면 추천해 주세요
경험한 것을 추천하기	-(으)ㄹ 만하다, -더라고요, -던데 한번 -아/어 보세요

2. 대화를 들으면서 확인해 봅시다. 05-2

간토야 제프리 씨는 한가할 때 주로 뭐 해요?
제프리 운동을 하거나 여행을 해요. 간토야 씨는요?
간토야 저도 여행하는 걸 좋아해요.
제프리 한국에서 여행을 많이 했어요?
간토야 아니요, 한국에 와서는 별로 못 했어요. 여행 갈 만한 곳이 있으면 좀 추천해 주세요.
제프리 강원도가 산도 있고 바다도 있어서 좋던데 한번 가 보세요. 바닷가에서 서핑도 할 수 있더라고요.
간토야 서핑요? 정말 재미있겠네요. 저도 해 보고 싶어요.
제프리 그럼 이번 여름에 저랑 같이 배워 볼래요?

3. 확인해 봅시다.

1) 제프리가 주로 하는 여가 활동은 무엇입니까?

2) 제프리는 간토야에게 무엇을 추천했습니까?

활동

여러분은 어떤 여가 활동을 해 보고 싶습니까? 왜 그 여가 활동을 해 보고 싶은지 친구들과 이야기해 봅시다.

특별한 여가 활동

- □ 템플 스테이
- □ 하루 종일 버스 타고 서울 구경하기
- □ 비 오는 날 만화 카페에서 하루 종일 만화 보기
- □ 맛집 찾아가기
- □ ______________________
- □ ______________________
- □ ______________________
- □ ______________________
- □ ______________________

듣고 말하기

- 여러분은 여행을 가기 전에 궁금한 것을 물어본 적이 있습니까?
- 무엇에 대해 문의했습니까?

□ 교통편 □ 숙박 시설 □ 맛집 □ 관광 명소 □ 놀 거리

미리 듣기

- 세 사람의 대화를 듣고 이야기해 봅시다. 05-3

1) 세 사람은 주말에 무엇을 하기로 했습니까?

2) 대화 후에 캠핑장에 무엇을 문의할 것 같습니까?

듣기

- 캠핑장에 전화를 합니다. 들어 봅시다. 05-4

1. 듣고 이야기해 봅시다.

1) 투이는 왜 캠핑장에 전화를 했습니까?

2) 들은 내용을 표에 쓰십시오.

캠핑 인원수	
대형 텐트 대여료	
바비큐 장비 대여료	

2. 들은 내용과 같으면 O, 다르면 × 하십시오.

1) 투이와 친구들은 이번 주말에 캠핑을 가려고 한다. ( )
2) 캠핑장에서는 집에서 가져 온 텐트를 사용하면 안 된다. ( )
3) 몽골 텐트는 지붕이 몽골의 전통 집과 비슷하다. ( )
4) 캠핑장에서 바비큐 재료를 살 수 있다. ( )

3. 친구와 묻고 대답해 봅시다.

1) 투이는 전화로 무엇을 문의했습니까?
2) 캠핑 준비를 못 하고 캠핑장에 갔을 때 어떻게 하면 됩니까?
3) 캠핑장 이용 시간은 몇 시부터 몇 시까지입니까?
4) 캠핑장에서는 왜 자전거를 탈 수 없습니까?

4. 발음에 주의하면서 듣고 따라 해 봅시다. 05-5

1) 다른 텐트보다 크고 지붕이 몽골 전통 집과 비슷한 텐트예요.
[비스탄]

2) 고기와 채소도 캠핑장 안의 마트에서 다 구입하실 수 있습니다.
[구이파실]

3) 다음 날 오전 아홉 시 삼십 분까지 체크아웃해 주셔야 합니다.
[체크아우태]

4) 이번 연휴에 뭐 할지 생각해 봤어요?
[생가캐]

활동 전화로 문의해 봅시다.

• 손님 •

나는 아침에 영화를 보고 싶다.
〈국민 영화관〉에 전화해서 물어본다.

1. 할인을 받을 수 있는지
2. 조조 영화 상영 시간은 언제인지
3. 영화관 위치는 어디인지
4. 커피와 도너츠를 들고 영화관에 들어갈 수 있는지

• 직원 •

나는 〈국민 영화관〉 직원이다.
손님의 전화를 받으면 친절하게 대답한다.

조조 시간	7:30~9:20
조조 할인	8,000원
위치	혜화역 3번 출구에서 걸어서 5분 거리
음식/음료수	음료 (○), 음식 (×)

• 손님 •

나는 서핑을 배우고 싶다.
〈파도 서핑〉에 전화해서 물어본다.

1. 초보자도 서핑을 배울 수 있는지
2. 장비를 대여해 주는지
3. 서핑 교육과 장비 대여 가격은 얼마인지
4. 운영 시간은 언제인지

• 직원 •

나는 〈파도 서핑〉 직원이다.
손님의 전화를 받으면 친절하게 대답한다.

운영 시간	오전 10:00~오후 5:30
서핑 교육	초급/중급(시간당 35,000원)
서핑 장비	장비 판매함 / 대여도 가능함 보드는 시간당 15,000원 서핑 수영복은 시간당 10,000원

문법 3 -ㄴ다면서요/는다면서요?

1. 다시 들어 봅시다. 05-6

간토야 친구한테 들었는데 캠핑장에서 바비큐 장비를 빌릴 수 **있다면서요**?
직원 네, 모든 장비가 대여 가능합니다.

2. 다음과 같이 묻고 대답해 봅시다.

가: 신문 봤어요? 국민 서점에서 책을 싸게 판다면서요?
나: 네, 저도 봤어요. 그런데 언제부터 싸게 팔아요?

국민 신문

[책 할인 판매]
책을 싸게 팝니다!
· 기간: 9/5~9/25
· 장소: 국민 서점

[사진 전시회]
사진 전시회를 엽니다. 와서 구경하세요.
· 장소: 국민대학교 북악관 로비
· 요금: 무료

[회원 모집]
춤 동아리에서 회원을 모집합니다.
이메일로 신청하세요.
· 기간: 9/10~9/24
· 이메일: Kdance19@gmail.com

[한국어 말하기 대회]
한국어교육센터에서 한국어 말하기 대회를 합니다.
많이 참여하세요.
· 문의: 한국어교육센터 사무실
· 전화번호: 02-910-5432

3. 다른 나라의 문화에 대해 이야기해 봅시다.

- 한국에서는 생일에 미역국을 먹는다.
- 중국에서는 이름을 빨간색으로 안 쓴다.
- 태국에서는 아이들의 머리를 만지면 안 된다.

가: 한국에서는 생일에 미역국을 먹는다면서요?
나: 네, 맞아요.
가: 왜 미역국을 먹는 거예요?

읽고 말하기

- 여러분은 서울의 명소 중에서 어디에 가 봤습니까?
- 거기에 볼 만한 것, 먹을 만한 음식, 즐길 만한 것이 있었습니까?

미리 읽기

- 야시장을 홍보하는 글을 읽고 이야기해 봅시다.

'서울 밤도깨비 야시장'으로 놀러 오세요!

'2019 서울 밤도깨비 야시장'이 3월 20일부터 열립니다.
'서울 밤도깨비 야시장'에서 아름다운 야경과 다양한 문화 행사를 즐겨 보세요.

〈기간〉 2019. 03. 20~10. 28
〈요일〉 매주 금요일, 토요일, 일요일
(시장마다 다를 수 있으니 홈페이지에서 확인하세요.)
〈장소〉 여의도 한강 공원, 반포 한강 공원,
DDP(동대문 디자인 플라자), 청계천

1) '서울 밤도깨비 야시장'은 언제, 무슨 요일에 열립니까?

2) '서울 밤도깨비 야시장'은 어디에서 열립니까?

읽기

● 이리나의 블로그에 있는 'DDP 서울 밤도깨비 야시장' 탐방기입니다. 읽어 봅시다.

BLOG.net 환영합니다!!

이리나의 서울 이야기

'DDP 서울 밤도깨비 야시장'에 다녀왔어요~!

오늘은 오랜만에 동대문에 갔다 왔어요. 처음 서울에 왔을 때는 동대문에 옷 가게도 많고 여러 나라 음식을 맛볼 수 있는 식당도 많아서 자주 갔었는데요. 요즘은 한국어 공부 때문에 바빠서 한동안 못 갔어요. 토요일 밤 DDP에서 패션쇼를 한다고 해서 친구와 함께 갔어요.

이건 '서울 밤도깨비 야시장'의 캐릭터, 도깨비예요. 도깨비는 한국의 옛날이야기에 자주 나오는데, 춤과 노래, 놀이를 좋아한다고 해요. 그리고 주로 어두운 밤에 나타나서 손에 들고 있는 방망이로 요술을 부린다고 해요. 도깨비 얼굴이 참 귀엽지요? 야시장은 도깨비처럼 밤에 잠깐 열렸다가 없어지기 때문에 그 이름을 '서울 밤도깨비 야시장'이라고 지었다고 해요.

야시장에는 맛있는 먹거리가 너무 많았어요! 여러 나라 음식을 파는 푸드 트럭들은 구경만 해도 재미있고, 청년 요리사들이 열심히 요리해 줘서 그런지 더 맛있더라고요.^^ 친구하고 이것저것 너무 많이 먹어서 배가 터질 것 같았어요.

패션쇼를 보기 전에 시간이 남아서 시장 구경을 했는데, DDP 야시장에는 청년 상인들이 만든 독특한 상품이 많았어요. 다른 곳에서는 볼 수 없는 물건이 많아서 시간 가는 줄 몰랐어요. 친구랑 기념으로 예쁜 반지를 사서 꼈어요. 친구야~ 언제나 함께해 줘서 고마워!!!♥

오늘의 특별한 공연, 한복 패션쇼를 재미있게 관람했어요. 평소에는 볼 수 없었던 공연을 볼 수 있어서 참 좋았어요. 색깔과 디자인이 아주 예뻤는데, 예전에 경복궁에서 빌려 입었던 한복과 조금 달랐어요. 이 한복은 일상생활에서 편안하게 활동할 수 있는 디자인으로 만들었다고 해요.

집에 오니까 피곤했지만 기분이 좋았어요. 서울은 굉장히 활기찬 도시예요. 밤에도 잠들지 않는 도시, 문화가 있는 도시! 여기에서 오래오래 살고 싶어요.

1. 읽고 이야기해 봅시다.

1) 이리나는 '서울 밤도깨비 야시장'에서 무엇을 했습니까?

2) 야시장의 이름을 '서울 밤도깨비 야시장'이라고 지은 이유는 무엇입니까?

2. 글의 내용과 같으면 O, 다르면 X 하십시오.

1) 이리나는 최근에 동대문에 자주 갔다. ( )
2) '서울 밤도깨비 야시장'은 아침부터 밤까지 열린다. ( )
3) 야시장에는 다른 곳에서 볼 수 없는 물건들이 많았다. ( )
4) 이리나는 예전에 한복을 입어 본 적이 있다. ( )

3. 친구와 묻고 대답해 봅시다.

1) '서울 밤도깨비 야시장'의 캐릭터인 도깨비는 어떤 특징이 있습니까?
2) 이리나는 패션쇼를 관람하기 전에 무엇을 했습니까?
3) 이리나가 관람한 패션쇼는 무슨 패션쇼였습니까? 옷이 어땠습니까?
4) 이리나는 서울을 어떤 도시라고 생각합니까?

활동 '서울 밤도깨비 야시장' 홈페이지에 들어가서 운영 시간과 공연 안내를 검색해 봅시다. 어디가 재미있을지 친구와 이야기해 봅시다.

장소	여의도	반포	청계천	DDP
운영 시간				
공연				

홈페이지:www.bamdokkaebi.org

문법 4 -았던/었던

1. 다시 읽어 봅시다.

오늘 패션쇼에서 본 한복은 예전에 경복궁에서 빌려 **입었던** 한복과 조금 달랐다.

2. 다음과 같이 말해 봅시다.

작년에 친구와 같이 **봤던** 영화를 다시 봤는데 너무 슬퍼서 울었다.

1) 작년에 친구와 같이 __________ 영화를 다시 봤는데 너무 슬퍼서 울었다.
2) 지난 방학 때 __________ 책이 너무 재미있어서 친구에게 추천했어요.
3) 이 사진 속의 호수는 지난 방학 때 가족과 함께 __________ 곳이에요.
4) 이 옷은 유명한 배우가 드라마에서 __________ 옷이에요.
5) 지난번에 __________ 한식당의 음식이 참 맛있었어요. 친구에게 추천해 줘야겠어요.
6) 어렸을 때는 키가 __________ 친구를 다시 만났는데 지금은 저보다 크더라고요.

3. 같이 이야기해 봅시다.

지금까지 여행한 곳 중에서 제일 좋았던 곳

지금까지 받은 선물 중에서 제일 마음에 들었던 선물

지금까지 만난 선생님 중에서 제일 고마웠던 선생님

가: 한국에서 여행한 곳 중에서 제일 좋았던 곳은 어디예요?
나: 전주가 가장 좋았어요.
가: 뭐가 좋았어요?
나: 음식도 맛있었고, 한옥이 너무 예뻤어요.
저는 비빔밥을 좋아하는데 제가 먹어 봤던 비빔밥 중에서 전주 비빔밥이 최고였어요.

06
건강

어휘·표현

건강 관련 어휘

말하기

문법 –았더니/었더니
–아야지요/어야지요

운동 제안하기

스트레칭 권유하기

듣고 말하기

우울증 극복 방법에 대한 라디오 강연

문법 –다 보면

읽고 쓰기

하루 일과에 대한 기사문

문법 –곤 하다

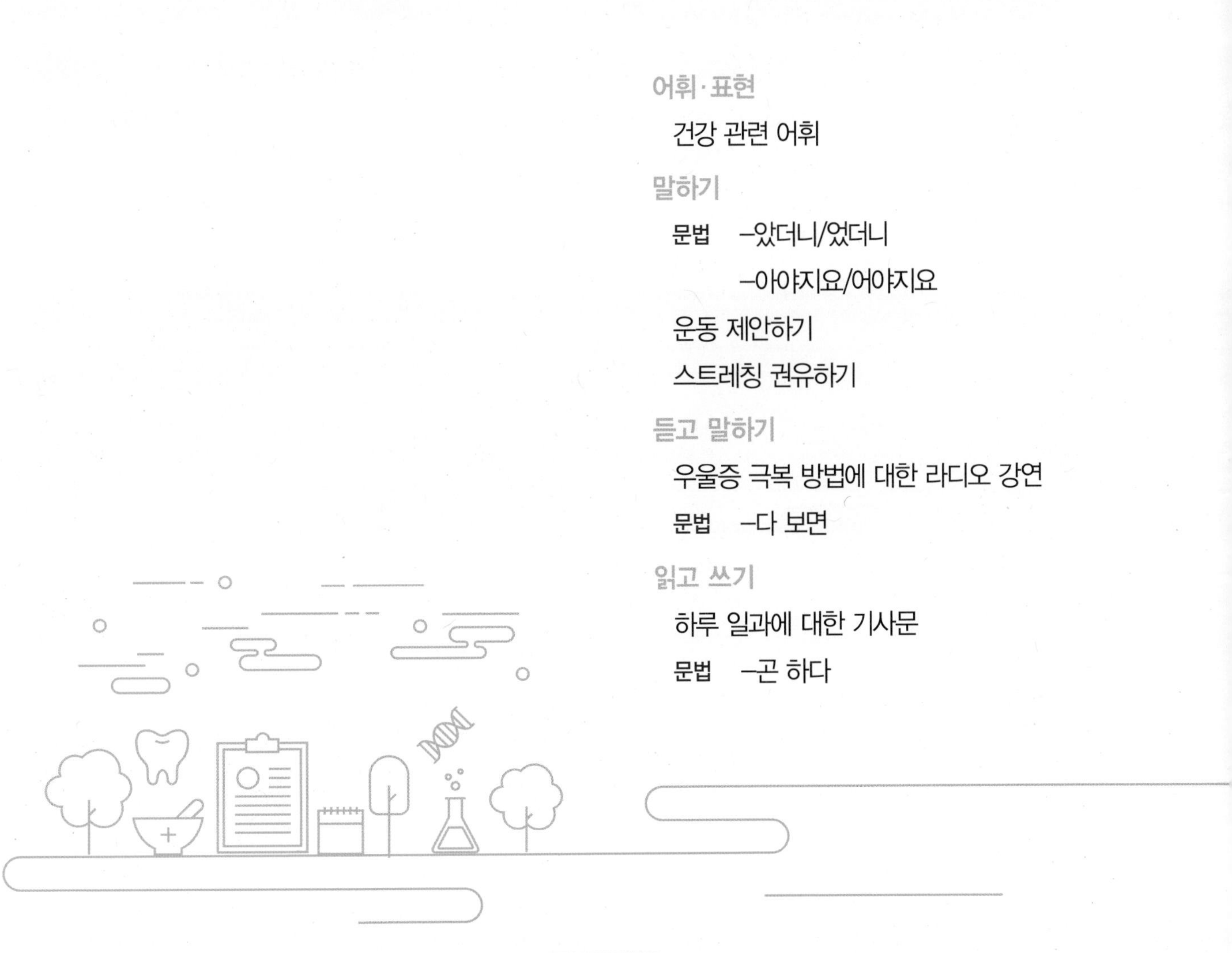

06과 건강

준비

● 여러분은 건강에 대해서 관심을 가지고 있습니까?

● 건강을 위해 가장 중요한 것은 무엇이라고 생각합니까?

□ 운동 □ 식습관 □ 자세 □ 기타 생활 습관

어휘 · 표현

1. 생활 습관에는 어떤 것들이 있습니까?

운동 습관	수면 습관	식습관	기타 생활 습관

①	②	③	기타 생활 습관
골고루 먹다 편식하다 과식하다 식사를 거르다 식사를 챙기다	숙면을 취하다 잠을 설치다 잠이 부족하다 불면증이 있다	꾸준히 운동하다 운동이 부족하다	체중을 관리하다 금연하다 흡연하다 과음하다

- 위의 표현 중에서 좋은 습관과 나쁜 습관을 구분하여 이야기해 봅시다.

좋은 습관	
나쁜 습관	

2. 여러분의 하루 일과는 어떻습니까?

□ 자기가 정한 계획에 맞게 하루에 할 일을 한다. ➜ 규칙적

□ 계획 없이 그때그때 하고 싶은 일을 한다. ➜ 불규칙적

- 규칙적인/불규칙적인 생활 습관에는 어떤 것이 있는지 이야기해 봅시다.

규칙적	불규칙적
✓ 날마다 비슷한 시간에 자고 일어난다.	✓ 자고 일어나는 시간이 그때그때 다르다.
✓	✓
✓	✓

3. 신체 각 부위의 명칭을 알아봅시다.

등 　 무릎 　 어깨 　 손가락 　 손목 　 허리

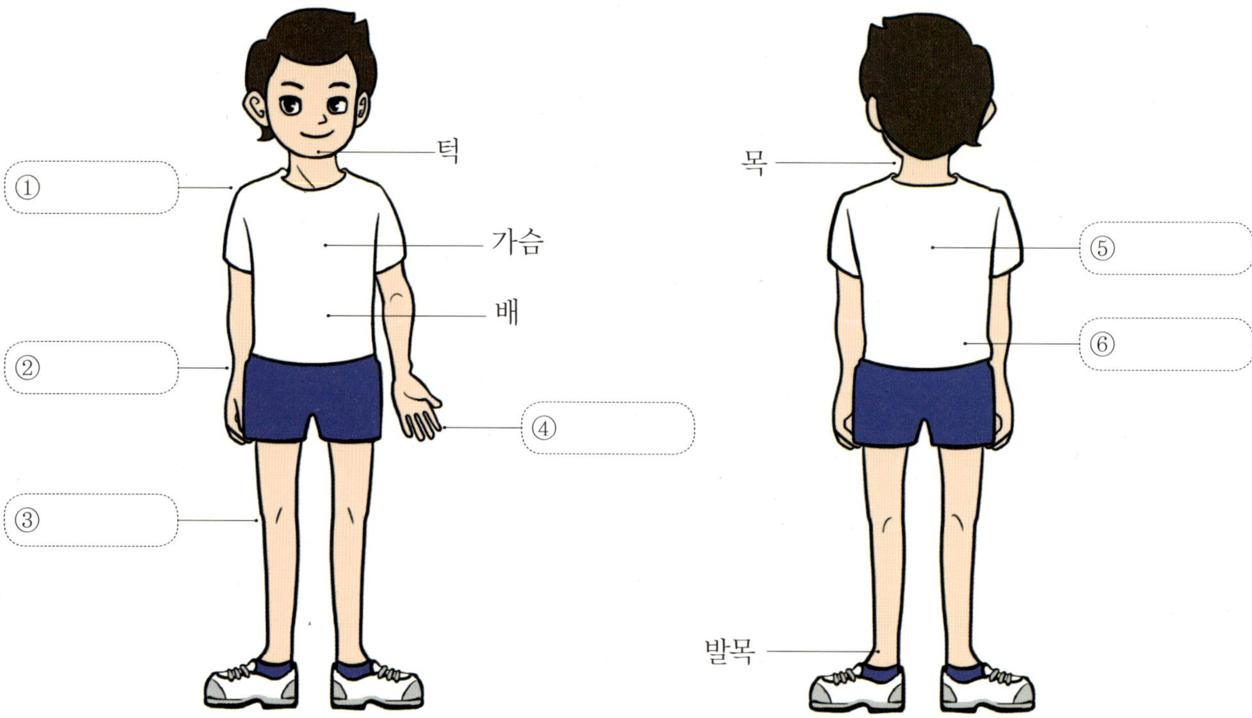

4. 자세와 관련된 표현을 알아봅시다.

자세가 나쁘다

자세가 바르다

자세를 고치다

똑바로 서다/앉다

말하기

문법 1 –았더니/었더니

왜 그래요? 배가 아파요?

네, 아이스크림을 너무 많이 **먹었더니** 배탈이 난 것 같아요.

1. 다음과 같이 묻고 대답해 봅시다.

가: 힘이 없어 보여요. 어디가 안 좋아요?
나: 배탈이 나서 계속 설사를 했더니 힘이 없어요.

가	나
1) 힘이 없어 보여요. 어디가 안 좋아요?	배탈이 나서 계속 설사를 하다 – 힘이 없다
2) 왜 그렇게 땀을 흘려요?	날씨가 더운데 옷을 두껍게 입다 – 땀이 많이 나다
3) 민호 씨는 공부할 때도 음악을 듣네요.	공부할 때마다 음악을 듣다 – 습관이 되다
4) 어제 피곤하다고 일찍 갔잖아요. 잘 쉬었어요?	푹 쉬다 – 이제 피곤하지 않다
5) 어버이날에 부모님께 뭘 해 드렸어요?	건강식품을 선물해 드리다 – 부모님이 좋아하시다

2. 어떤 행동 때문에 나쁜 결과가 생기거나 노력을 해서 좋은 결과를 얻은 적이 있습니까? 이야기해 봅시다.

	나의 행동	좋은 결과/나쁜 결과
투이	기회가 있을 때마다 한국말을 했다	한국어 실력이 많이 늘었다.
나		

저는 대학에 가려고 한국에 왔고 한국말을 빨리 배우고 싶었어요. 그래서 모르는 한국 사람에게도 말을 걸었어요. 한국 사람들 대부분이 친절해서 더 용기를 얻었고 기회가 있을 때마다 한국말을 했더니 실력이 많이 늘었어요.

문법 2 -아야지요/어야지요

감기가 심한 것 같은데 병원에 갔다 왔어요?

아니요, 바빠서 갈 시간이 없었어요.

아무리 바빠도 아프면 병원에 **가야지요**.

1. 다음과 같이 묻고 대답해 봅시다.

> **가:** 요즘 바빠서 자주 식사를 걸러요.
> **나:** 바빠도 식사는 잘 챙겨 먹어야지요.

1) 요즘 바빠서 자주 식사를 거르다
2) 아르바이트가 힘들어서 수업 시간에 자주 결석하다
3) 친한 친구가 입원했는데 바빠서 아직 병문안을 못 갔다
4) 귀찮아서 식사하고 남은 음식을 그냥 쓰레기통에 버렸다
5) 토픽 시험을 꼭 봐야 되는데 잊어버려서 신청을 못 했다

2. 다음과 같은 상황에서 여러분은 룸메이트에게 어떻게 하라고 하겠습니까? 이야기해 봅시다.

룸메이트 상황	이유
1) 이번 달 생활비가 모자라다	그냥 가끔 쇼핑하고 친구를 만났는데
2) 오늘 병원에 다녀오다	날마다 오래 앉아 있는데 허리가 아프다
3) 오늘 또 숙제를 못 하다	하려고 했는데 잊어버리다
4) 수업 시간에 거의 말을 안 하다	말할 때 실수할 것 같아서 걱정되다

> **가:** 이번 달 생활비가 모자라요.
> **나:** 왜 생활비를 다 썼어요?
> **가:** 그냥 가끔 쇼핑하고 친구를 만났는데 생활비를 다 썼어요.
> **나:** 제 생각에 ○○ 씨는 쇼핑을 너무 많이 하는 것 같아요. 쇼핑을 적당히 해야지요.

대화 1

● 투이와 마키가 무엇에 대해 이야기합니까? 06-1

투이 마키 씨는 평소에 운동하세요?

마키 특별히 하는 건 없어요.

투이 그럼 저랑 같이 방송 댄스 배우러 다닐래요?

마키 저도 배우고 싶기는 한데 좀 바빠서요.

투이 아무리 바빠도 건강은 챙겨야지요.

마키 그렇긴 해요. 계속 운동을 안 했더니 체력이 좀 약해진 것 같아요. 그런데 방송 댄스는 힘들지 않아요?

투이 아니요. 별로 힘들지 않고 운동 효과도 좋아요. 우리 같이 해요.

마키 알았어요. 그럼 시간을 내 볼게요.

1. 확인해 봅시다.

   1) 투이는 마키에게 무슨 운동을 하자고 했습니까?

   2) 마키는 요즘 자신의 건강이 어떻다고 느낍니까?

2. 대화를 만들어서 발표해 봅시다.

방송 댄스	계속 운동을 안 했다	체력이 약해진 것 같다
수영	날마다 컴퓨터를 오래 했다	시력도 안 좋아지고 어깨도 아프다
요가	매일 앉아서 공부만 했다	허리도 아프고 다리도 부었다
탁구	피곤해서 쉬는 날에 집에만 있었다.	살이 많이 쪘다

대화 2

● 카오루와 투이가 자세에 대해 이야기합니다. 어떻게 이야기합니까?

1. 대화를 만들어 봅시다.

대화에 무슨 내용이 필요해요?	어떤 표현을 사용할 수 있어요?
아픈 이유와 부위 말하기	–았더니/었더니 ___이/가 아파요
권유하기	–아야지요/어야지요. 안 그러면 –(으)ㄹ 수 있어요
인정하기	저도 그런 얘기를 들은 적이 있어요
권유의 이유 말하기	–아서/어서 좋다고 하더라고요

2. 대화를 들으면서 확인해 봅시다. 06-2

카오루 아이고, 목이야.
투이 목이 안 좋아요?
카오루 네, 과제 때문에 컴퓨터를 너무 오래 했더니 목도 아프고 허리도 아파요.
투이 중간중간 쉬면서 스트레칭을 해야지요. 안 그러면 나중에 더 고생할 수 있어요.
카오루 저도 그런 얘기를 들은 적이 있어요. 자세가 나쁘면 디스크에 걸릴 수 있다는 거죠?
투이 맞아요. 그러니까 틈틈이 스트레칭을 해 보세요. 근육이 부드러워지고 혈액 순환도 잘돼서 좋다고 하더라고요.
카오루 그래요? 뭐 아는 거 있으면 좀 가르쳐 주세요.
투이 알았어요. 자, 저를 따라 해 보세요.

3. 확인해 봅시다.

1) 카오루는 왜 목과 허리가 안 좋습니까?

2) 스트레칭은 어떤 효과가 있습니까?

활동

● 다음은 몇 가지 스트레칭 동작입니다.

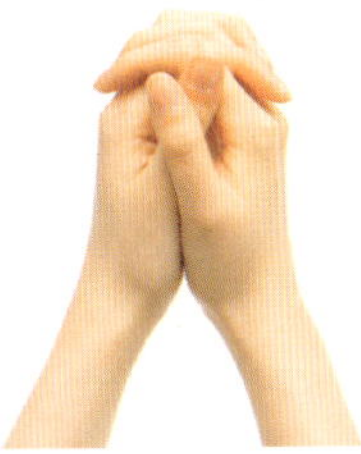

깍지를 끼다

고개를 돌리다

허리를 뒤로 젖히다

기타 동작
힘을 주다 밀다 당기다

1) 그림을 보고 동작을 따라 한 후 이야기해 봅시다.

양손을 깍지 낀다.
→ 엄지손가락을 모아 턱에 대고 위로 민다.
→ 10초 동안 힘을 주고 나서 5초 동안 쉰다.
→ 동작을 10~15회 반복한다.

오른손을 왼쪽 귀에 올린다.
→ 머리를 오른쪽 방향으로 당긴다.
→ 10초 동안 힘을 주고 나서 5초 동안 쉰다.
→ 반대쪽으로 동작을 한다.

등 뒤로 양손을 깍지 낀다.
→ 팔과 목을 뒤로 젖힌다.
→ 10초 동안 힘을 주고 나서 5초 동안 쉰다.
→ 동작을 10~15회 반복한다.

양손을 깍지 낀다.
→
→
→

2) 여러분이 알고 있는 스트레칭 자세가 있습니까? 어디에 좋습니까? 친구들에게 가르쳐 주고 같이 해 봅시다.

듣고 말하기

- 여러분은 언제 우울한 감정을 느낍니까?

- 여러분은 기분이 우울할 때 어떻게 합니까?

□ 친한 사람과 대화한다.
□ 다른 일을 하면서 잊는다.
□ 상담을 받는다.
□ 명상을 한다.
□ 아무것도 안 한다.

미리 듣기

- 대화를 듣고 알맞은 단어를 사용하여 질문에 답해 봅시다. 06-3

실천하다	명상	봉사 활동	기분 전환	부정적

1) 여자는 불안하고 화가 날 때 무엇을 합니까?

2) 여자는 여행을 하면 어떤 점이 좋다고 생각합니까?

3) 여자는 좋아하는 사람과 만나면 기분이 어떻게 바뀔 거라고 합니까?

4) 여자가 꾸준히 운동하지 못하는 이유는 무엇입니까?

5) 여자는 어떻게 하면 의미 있게 시간을 보낼 수 있다고 합니까?

듣기

● 의사가 라디오에서 강연하고 있습니다. 들어 봅시다. 06-4

1. 듣고 이야기해 봅시다.

1) 의사가 무엇에 대해 이야기합니까?

□ 신체 건강 □ 정신 건강

2) 우울할 때 기분을 전환하는 네 가지 방법을 간단히 메모하십시오.

①

②

③

④

2. 들은 내용과 같으면 O, 다르면 × 하십시오.

1) 우울한 마음은 보통 사람들에게 잘 나타나지 않는다. ( )
2) 가볍게 걷기만 해도 기분이 좋아질 수 있다. ( )
3) 우울할 때 사람들을 만나면 기분이 더 우울해질 수 있다. ( )
4) 건강한 정신을 가지기 위해 실제로 노력하는 사람이 많다. ( )

3. 친구와 묻고 대답해 봅시다.

1) 운동을 하면 몸과 감정에 어떤 변화가 생깁니까?
2) 명상을 할 시간이 없을 때 어떻게 하면 마음이 편안해집니까?
3) 의미 있게 시간을 보내는 활동에 어떤 것들이 있습니까?

4. 발음에 주의하면서 듣고 따라 해 봅시다. 06-5

1) 이런 행동도 우리의 마음을 편안하게 만들어 줍니다.

2) 취미 활동, 봉사 활동 등이 모두 의미 있는 일입니다.

3) 우리 회사는 회의를 자주 한다.

4) 동대문 시장에 가서 물방울무늬 치마를 한 벌 샀다.

활동 여러분은 기분이 우울할 때 어떻게 풉니까? 기분 전환에 도움이 되는 방법에 대해 간단히 메모하고 이야기해 봅시다.

□ 사람 □ 활동 □ 음식 □ 기타

가: 기분이 우울할 때 특별히 하는 게 있어요?
나: 저는 기분이 안 좋을 때 청소를 해요.
가: 청소요? 왜요?
나: 열심히 청소를 하다 보면 기분 나빴던 일을 잊어버리게 돼요. 또 주변이 깨끗해지니까 기분까지 상쾌해져요.
가: 좀 힘들긴 하겠지만 괜찮은 방법인 것 같네요.
나: OO 씨는 어떻게 해요?

문법 3 -다 보면

1. 다시 들어 봅시다. 06-6

> 마지막은 시간을 의미 있게 보내는 것입니다. 취미 활동, 봉사 활동 등이 모두 의미 있는 일입니다. 이런 활동들을 **하다 보면** 기분이 좋아지고 스트레스도 풀릴 수 있습니다.

2. 다음과 같이 묻고 대답해 봅시다.

> **가:** 밤에 잠이 안 오는데 어떻게 하면 좋을까요?
> **나:** 지루한 책을 읽다 보면 잠이 올 거예요.

1) 밤에 잠이 안 오다
2) 기분이 계속 우울하다
3) 말하기 실력이 늘지 않다
4) 중요한 일을 하기 전에 긴장되다
5) 밥을 많이 먹어서 소화가 안되다

3. 같이 이야기해 봅시다.

> **가:** 한국 음식은 매운 게 많아서 먹기 힘들어요.
> **나:** 저도 처음엔 그랬어요.
> 그래도 계속 먹다 보면 좋아하게 될걸요.
> **다 :** 한국 음식 중에 맵지 않은 음식도 많으니까
> 그런 음식을 찾아보세요.

읽고 말하기

● 건강을 위해 가장 중요한 생활 습관은 무엇이라고 생각합니까?

□ 규칙적인 운동	□ 골고루 먹기	□ 적당한 휴식
□ 적당한 체중 유지	□ 금연하기	□ 기타

● 여러분 주위에서 건강에 가장 신경을 쓰는 사람은 누구입니까? 왜 그렇게 생각합니까?

미리 읽기

● 다음을 읽고 이야기해 봅시다.

많은 사람들이 인생에서 건강이 중요하다고 말한다. 대부분의 사람들은 적당한 운동, 충분한 휴식, 규칙적인 식사가 건강에 좋다는 것을 알고 있다. 하지만 여러 가지 이유 때문에 건강을 잘 챙기지 못하는 경우가 많다. 아래에 평범한 세 사람이 있다. 이들의 하루 일과를 살펴보면서 나의 생활 습관도 생각해 보자.

1) 많은 사람들이 인생에서 중요하다고 생각하는 것은 무엇입니까?

2) 건강에 좋은 생활 습관에는 어떤 것들이 있습니까?

읽기

● 다음은 세 사람의 하루 일과에 대한 글입니다. 읽어 봅시다.

피터, 32세 남자, 회사원

피터 씨는 회사원이다. 평일에 아침 여섯 시쯤 일어나서 한국어를 배우러 간다. 그러고 나서 회사로 출근한다. 피터 씨는 늦게까지 야근하는 날이 많기 때문에 스트레스를 많이 받는 편이다. 스트레스를 풀기 위해서 보통 운동을 하는데, 야근이 없는 날에는 스포츠 센터에 가서 수영과 헬스를 2시간 정도 한다. 식사는 주로 식당에서 하고 바쁠 때는 식사를 거르기도 하지만, 비타민 같은 영양제를 매일 챙겨 먹는다. 주말이나 여가 시간에는 친구들과 농구나 축구 같은 운동을 하거나 여행을 가곤 한다.

주드, 28세 남자, 만화가

주드 씨는 만화가이다. 평소에 늦은 시간까지 만화를 그리기 때문에 자주 늦잠을 잔다. 그래서 아침 식사를 거르는 날이 많다. 점심과 저녁 식사는 주로 집에서 한다. 요리가 취미여서 건강에 좋은 다양한 음식들을 직접 만들어 먹으며, 편식하지 않고 모든 음식을 골고루 먹는 편이다. 날씨가 좋은 날에는 한강 공원에 가서 자전거를 타곤 한다. 또한 친구들과 어울리는 것을 좋아해서 한가한 날에는 친구들과 같이 늦게까지 술을 마시곤 한다.

미나, 20세 여자, 대학생

미나 씨는 대학생이다. 학비를 벌기 위해서 날마다 아르바이트를 한다. 아르바이트와 공부를 같이 하기 때문에 하루하루가 매우 바쁘다. 그래서 평소에 운동을 거의 못 한다. 하루에 세 끼를 꼭 챙겨 먹으려고 노력하지만 시간이 없어서 라면이나 김밥 같은 즉석식품을 자주 먹는 편이다. 미나 씨는 자기 전에 꼭 명상을 하면서 피로를 푼다. 그리고 여가 시간이 생기면 집에서 책을 읽거나 인터넷을 하면서 편안하게 휴식을 취하곤 한다.

1. 다음은 누구의 생활 습관입니까? 바르게 연결해 봅시다.

1) 밤에 명상을 하면서 하루의 피로를 푼다.	•	•	피터
2) 건강에 좋은 음식을 먹고 친구들과 만나는 것을 좋아한다.	•	•	주드
3) 불규칙적으로 식사를 하는 편이어서 영양제를 챙겨 먹는다.	•	•	미나

2. 글의 내용과 같으면 O, 다르면 X 하십시오.

1) 피터는 매일 아침 여섯 시에 일어나서 바로 회사에 간다. (　　)

2) 피터는 시간이 날 때 운동을 하면서 스트레스를 푼다. (　　)

3) 주드는 일이 많아서 식사를 하지 못할 때가 많다. (　　)

4) 미나는 날마다 바쁘기 때문에 여가 시간이 전혀 없다. (　　)

3. 세 사람의 하루 일과를 비교한 후 건강에 좋은 습관과 고쳐야 할 습관을 찾아서 이야기해 봅시다.

피터

주드

미나

가장 건강하게 생활하는 사람은 누구라고 생각합니까? 왜 그렇게 생각합니까?

활동 여러분의 생활 습관에 대해 친구와 이야기해 봅시다.

1) 여러분의 생활 습관은 어떻습니까?

① 식습관

- 평소에 어떤 음식을 즐겨 먹습니까?
- 평소에 안 먹는 음식이 있습니까?
  - ↗ 네 → ✓ 어떤 종류의 음식입니까? ✓ 왜 안 먹습니까?
  - ↘ 아니요

② 운동 습관

- 평소에 운동을 합니까?
  - ↗ 네 → ✓ 운동을 꾸준히 하는 편입니까? ✓ 무슨 운동을 자주 합니까?
  - ↘ 아니요 → 왜 운동을 안 합니까?

③ 기타 생활 습관(음주, 흡연, 수면 습관, 여가 활동 등)은 어떻습니까?

2) 건강하게 생활하기 위해서 자신의 생활 습관을 어떻게 바꿔야 한다고 생각합니까? 이야기해 봅시다.

생활 습관	고쳐야 할 점
식습관	✓ ✓
운동 습관	✓ ✓
기타 생활 습관	✓ ✓

문법 4 -곤 하다

1. 다시 읽어 봅시다.

주드 씨는 날씨가 좋은 날에는 한강 공원에 가서 자전거를 **타곤 한다.** 또한 친구들과 어울리는 것을 좋아해서 한가한 날에는 친구들과 같이 늦게까지 술을 **마시곤 한다.**

2. 다음과 같이 묻고 대답해 봅시다.

가: 시간이 나면 뭐 해요?
나: 집 앞 공원에서 산책하곤 해요.

1) 시간이 나다
2) 시험이 끝나다
3) 친구가 집으로 놀러 오다
4) 학창 시절에 용돈을 받다
5) 학창 시절에 고민이 있다

3. 다음과 같은 상황에서 여러분은 보통 무엇을 합니까? 이야기해 봅시다.

몸이 안 좋아서 입맛이 없을 때

가족이나 고향 친구들이 너무 그리울 때

혼자 시간을 보낼 때

가: 몸이 안 좋아서 입맛이 없을 때 어떻게 해요?
나: 그럴 때 저는 그냥 밥을 안 먹고 잠을 자곤 해요.
다: 아플 때 옆에서 챙겨 줄 사람이 없어요?

쓰기 3 알아보기

발표 표현

1. 여러분은 발표를 해 본 적이 있습니까?

언제, 누구를 대상으로, 어떤 발표를 했습니까?

2. 발표할 때 어떻게 말하면 좋은지 생각해 봅시다.

□ -아요/어요 □ -ㄴ다/는다 □ -ㅂ니다/습니다

1) 발표문의 처음 부분에는 어떤 내용이 들어가야 할까요?

▶ 인사 + 자기소개

예) 안녕하세요? 저는 국민대학교 한국어교육센터 3급에서 공부하고 있는 알렉세이입니다.

▶ 주제 말하기

예) 저는 '한국의 여가 생활'에 대해 발표하겠습니다.

2) 발표문의 끝부분에는 어떤 내용이 들어가야 할까요?

▶ 발표 내용 정리

예) 이와 같이 한국 사람들은 러시아 사람들에 비해서 여가 시간이 적은 편이지만 다양한 여가 활동을 하는 것 같습니다. 여러분도 한국에 있는 동안 한국의 특색 있는 여가 활동을 즐겨 보세요.

▶ 끝인사

예) 이것으로 제 발표를 마치겠습니다. 들어 주셔서 감사합니다.

3) 발표 내용을 순서대로 설명할 때 사용할 수 있는 표현을 알아봅시다.

순서	
첫째 둘째 ⋮ 마지막으로	먼저 다음으로 ⋮ 마지막으로

예1) 첫째/먼저 한국인이 자주 하는 여가 활동에 대해 소개하겠습니다. 한국 사람들은 ~
둘째/다음으로 한국인의 평균 여가 시간에 대해 이야기하겠습니다. ~
마지막으로 ~

예2) 먼저 소개할 것은 한국인이 자주 하는 여가 활동입니다. 한국 사람들은 ~
다음으로 이야기할 것은 한국인의 평균 여가 시간입니다. ~
마지막으로 ~

● 순서 표현을 사용하여 각 단락의 첫 문장을 써 봅시다.

밤도깨비 야시장의 운영 시간과 장소

1) 첫째/먼저 ______________________

밤도깨비 야시장의 먹을거리

2) ______________________

밤도깨비 야시장의 즐길 거리

3) ______________________

쓰기 3 글쓰기

발표문 1

1. 한국에서 가 본 곳 중에서 친구에게 추천할 만한 곳이 있습니까?

2. 다음의 친구들에게 어떤 장소를 추천해 주면 좋을까요?

먹는 걸 좋아하는 친구에게	야외 활동을 즐기는 친구에게	예술에 관심이 많은 친구에게	자연을 좋아하는 친구에게
광장 시장			

한국의 전통문화에 관심이 많은 친구에게	데이트 계획이 있는 친구에게	________ ________ 친구에게

- 추천해 주고 싶은 곳에 대해 더 이야기해 봅시다.

▶ 그곳은 어디입니까?

▶ 왜 추천하고 싶습니까?

▶ 그곳의 무엇을 소개하고 싶습니까? (음식, 활동, 경치, 가는 방법, 즐길 거리 등)

▶ 그곳은 어땠습니까?

▶ 그곳에서 무엇을 했습니까?

▶ 그곳에 가서 무엇을 느꼈습니까?

3. 다음의 문법과 표현을 사용하여 내용을 정리해 봅시다.

경험	소개/추천	이유
-았던/었던	-(으)ㄹ 만하다	(이)라서

4. 한국에서 가 볼 만한 곳에 대한 발표문을 쓰려고 합니다. 개요표를 작성해 봅시다.

제목: ______________________________

처음	• 인사 + 자기소개 • 주제 말하기	
가운데		
끝	• 내용 정리하기 • 끝인사	

5. 한국에서 가 볼 만한 곳에 대한 발표문을 써 봅시다.

07

날씨

어휘·표현

날씨 관련 어휘

말하기

문법 –게[2]

–든지 –든지 하다

날씨에 대해 이야기하기

계절에 생각나는 노래 이야기하기

듣고 말하기

일기 예보

문법 –기 바라다

읽고 쓰기

미세 먼지에 대한 인터넷 정보

문법 에 의하면

07과 날씨

준비

- 한국의 날씨에 대해 이야기해 봅시다.

- 각 계절마다 무엇을 합니까? 그 계절에 즐기는 것이 있습니까?

- 각 계절에는 무엇을 주의해야 합니까?

어휘 · 표현

1. 한국에는 어떤 날씨가 있습니까? 여러 가지 날씨에 대해 알아봅시다.

맑다

흐리다

비가 오다

눈이 내리다

천둥·번개가 치다

소나기가 쏟아지다

안개가 끼다

2. 한국에는 사계절이 있습니다. 각 계절에 나타나는 날씨와 특징을 알아봅시다.

사계절

봄	여름	가을	겨울
꽃샘추위 황사	무더위 장마 폭염 태풍	찬 바람	한파 폭설
꽃이 피다	열대야가 나타나다	단풍이 들다 잎이 떨어지다(낙엽)	빙판길이 생기다

1) 다음 어휘와 어울리는 표현을 모두 찾아봅시다.

✓ 꽃샘추위가 ① ____________________

✓ 태풍이 ② ____________________

✓ 폭설이 ③ ____________________

시작되다
계속되다
오다/찾아오다
내리다/쏟아지다

2) 다음 어휘와 어울리는 그림을 찾아봅시다.

폭우 습하다 일교차 건조하다

① ② ③ 가 쏟아지다 ④ 가 크다

- 이런 날씨는 어느 계절에 많이 나타납니까?

3. 일기 예보에서 사용되는 표현을 알아봅시다.

1) 기온을 나타낼 때 사용하는 표현입니다. 온도를 어떻게 나타냅니까?

영상 영하 최고 기온 최저 기온

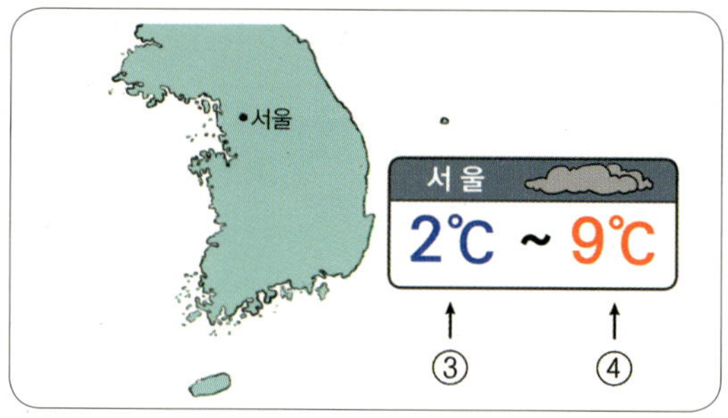

① ② ③ ④

2) 일기 예보를 보면 지역의 날씨를 알 수 있습니다. 한국의 지역은 어떻게 나눕니까?

북부 지방 / 중부 지방 / 남부 지방

강원도 / 경기도 / 충청도 / 경상도 / 전라도

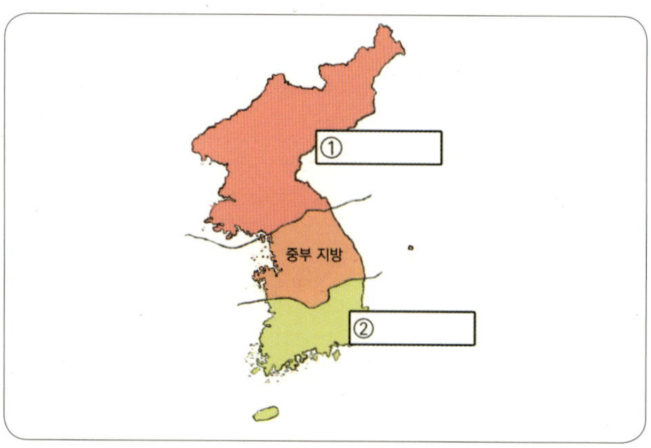

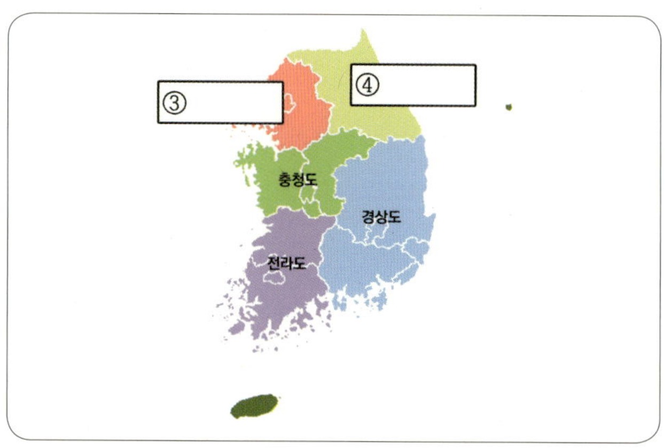

말하기

문법 1 -게[2]

마키, 나 **자게** 불 좀 꺼 줘.

어, 알았어. 지금 끌게.

1. 다음과 같이 말해 봅시다.

> 친구 생일 선물 사다 – 용돈을 좀 주다 → 친구 생일 선물 사게 용돈을 좀 주세요.

1) 친구 생일 선물을 사다 – 용돈을 좀 주다
2) 덜어 먹다 – 작은 접시를 주다
3) 혼자서 찾아갈 수 있다 – 약도를 그려 주다
4) 늦잠을 자지 않다 – 내일 아침에 전화해 주다
5) 사고가 나지 않다 – 천천히 운전해 주다
6) 뒷사람도 볼 수 있다 – 글씨를 좀 크게 써 주다

2. 다음과 같은 상황에서는 무엇을 주의해야 합니까? 이야기해 봅시다.

우체국에서 소포를 보낼 때	도서관에서	아이가 있는 집에서	사람이 많은 버스에 탔을 때

> **가:** 우체국에서 소포를 보낼 때는 무엇을 주의해야 해요?
> **나:** 음……, 물건이 깨지지 않게 포장을 잘 해야 돼요.
> **가:** 또 주의해야 할 것이 있어요?
> **나:** 주소가 잘 보이게 큰 글씨로 써야 해요.

문법 2 -듣지 -든지 하다

딸꾹질이 안 멈추는데 어떻게 하지요?

그럴 때는 숨을 **참든지** 물을 천천히 **마시든지 해** 보세요.

1. 다음과 같이 묻고 대답해 봅시다.

> **가:** 부모님이 보고 싶을 때 어떻게 해요?
> **나:** 저는 전화해서 목소리를 듣든지 영상 통화를 해서 얼굴을 보든지 해요.

가	나
1) 부모님이 보고 싶을 때	전화해서 목소리를 듣다 – 영상 통화를 해서 얼굴을 보다
2) 요리를 했는데 음식이 짤 때	물을 넣다 – 재료를 더 넣다
3) 친구와 만나기로 약속했는데 갑자기 급한 일이 생겼을 때	약속을 취소하다 – 시간을 바꾸다
4) 스트레스가 많이 쌓였을 때	________ – ________
5) 한국 여행 정보가 필요할 때	________ – ________
6) 내일이 시험인데 문법이 이해되지 않을 때	________ – ________

2. 여러분은 다음과 같은 상황에서 어떻게 합니까? 이야기해 봅시다.

음식이 너무 매워서 눈물이 날 때

혼자 가야 하는데 길을 잘 모를 때

공부해야 하는데 너무 졸릴 때

> **가:** 음식이 너무 매워서 눈물이 날 때는 어떻게 해요?
> **나:** 그럴 때는 우유를 마시든지 아이스크림을 먹든지 해 보세요.
> **가:** 우유요?
> **나:** 네, 저는 우유를 마시니까 매운 느낌이 없어지더라고요.

대화 1

● 장핑과 윤아가 날씨에 대해 이야기합니다. 윤아는 장핑에게 어떤 조언을 해 줍니까? 07-1

장핑 오늘은 어제보다 날씨가 좋은 것 같아요.

윤아 날씨는 좋아도 미세 먼지 농도는 계속 '나쁨'이야.

장핑 그래서 그런지 목이 많이 아파요.

윤아 그럴 때는 따뜻한 물을 자주 마시든지 몸에 좋은 차를 마시든지 해 봐. 좀 괜찮아질 거야.

장핑 네, 알았어요. 참, 내일부터 폭설이 내린다고 하더라고요.

윤아 그래? 그럼 길이 얼겠네.

장핑 그러게요. 미끄러지지 않게 조심해야겠어요.

1. 확인해 봅시다.

   1) 윤아는 목이 아픈 장핑에게 어떤 조언을 해 주었습니까?

   2) 내일 날씨가 어떻습니까? 무엇을 조심해야 합니까?

2. 대화를 만들어서 발표해 봅시다.

폭설이 내리다	길이 얼다	미끄러지다
꽃샘추위가 시작되다	다시 추워지다	감기에 걸리다
무더위가 시작되다	아주 덥다	더위 먹다
일교차가 커지다	아침과 저녁에 춥다	감기에 걸리다

대화 2

● 장핑과 윤아가 여름에 생각나는 노래에 대해 이야기하고 있습니다. 어떻게 이야기합니까?

1. 대화를 만들어 봅시다.

대화에 무슨 내용이 필요해요?	어떤 표현을 사용할 수 있어요?
질문하기	혹시 ___(이)라는 노래 알아?
노래 소개하기	___이/가 되면 ___는 노래야
노래 요청하기	들어 보게 한번 불러 주세요
가사 내용 질문하기	가사가 무슨 내용이에요?
가사 설명하기	___에 대한 노래야

2. 대화를 들으면서 확인해 봅시다. 07-2

장핑 누나, 날씨도 더운데 오늘은 냉면을 먹든지 팥빙수를 먹든지 할까요?
윤아 그래, 팥빙수 먹으러 가자. 그런데 너 혹시 '빙수'라는 노래 알아?
장핑 잘 모르는데, 유명한 노래예요?
윤아 응. 여름이 되면 여기저기에서 많이 나오는 노래야.
장핑 그럼, 들어 보게 한번 불러 주세요.
윤아 '팥빙수, 딸기빙수, 차갑지만 사랑해.'
장핑 하하, 재미있는 노래네요. 가사가 무슨 내용이에요?
윤아 가사에 빙수가 나오지만 사실은 사랑에 대한 노래야.

3. 확인해 봅시다.

1) 여름이 되면 무슨 노래가 많이 나옵니까?

2) 그 노래는 가사가 무슨 내용입니까?

활동

● 각 계절에 생각나는 노래가 있습니까? 반 친구들에게 그 노래를 소개해 봅시다.

계절	생각나는 노래

● 한국에는 계절마다 사람들이 즐길 수 있는 특별한 활동들이 있습니다. 여러분 나라에서 계절마다 사람들이 어떤 것을 하는지 찾아보고 친구들에게 소개해 봅시다.

한국에서는 매년 10월 초에 세계 불꽃 축제가 열려요. 세계 여러 나라에서 이 축제에 참가하고 각 나라마다 다양한 종류의 불꽃을 만들어요. 이 축제는 여의도 한강 공원에서 열리는데 좋은 자리에서 보기 위해 낮부터 사람들이 모여들어요. 남산이나 용산에서도 잘 보이기 때문에 다양한 장소에서 불꽃 축제를 감상할 수 있어요. 가을 밤 친구들과……

계절	사람들이 즐기는 것

듣고 말하기

● 일기 예보를 들으면 어떤 정보를 알 수 있습니까?

날씨	기온	지역 날씨	기타
오늘 내일 이번 주	최저 기온 최고 기온	전국 지방	

● 다음의 날씨에 무엇을 준비합니까?

폭염	✓ ✓	한파	✓ ✓

미리 듣기

● 일기 예보를 듣고 이야기해 봅시다. 07-3

1) 오늘의 기온은 어떻습니까? 듣고 써 보십시오.

영하 ① ( ) 도 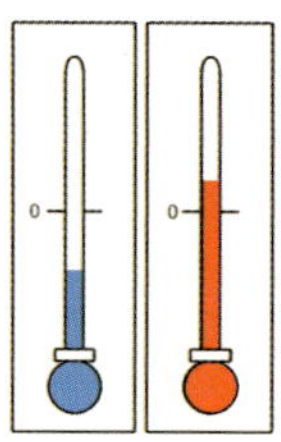 영상 ② ( ) 도

2) 오늘 지역별 날씨는 어떻습니까? 듣고 맞는 그림을 고르십시오.

① 전국

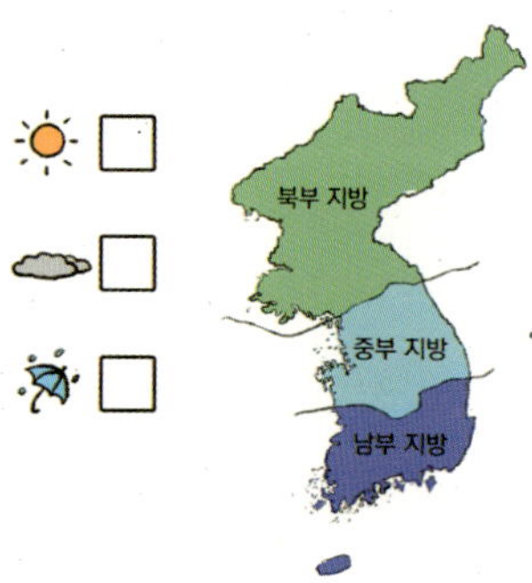

② 남부 지방

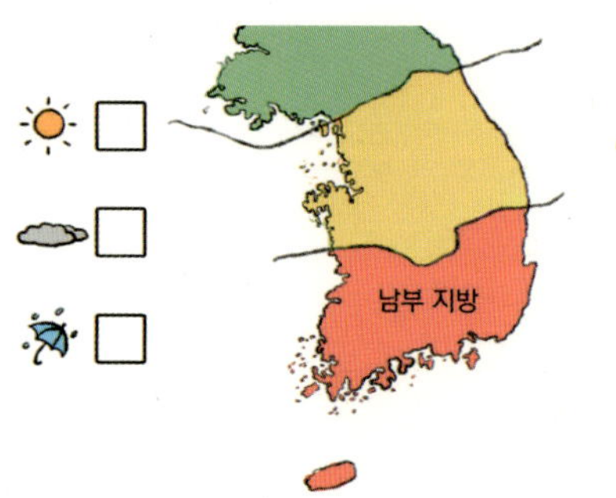

듣기

● 일기 예보입니다. 들어 봅시다. 07-4

1. 듣고 이야기해 봅시다.

   1) 지금은 무슨 계절입니까?

   2) 내일은 무엇을 준비해야 합니까?

2. 들은 내용과 같으면 O, 다르면 × 하십시오.

   1) 오늘은 아침부터 흐리다. ( )
   2) 오늘 대구는 따뜻하다. ( )
   3) 내일은 강원도와 제주도에 새벽부터 비가 온다. ( )
   4) 내일 남부 지방에는 안개가 끼는 곳이 있다. ( )

3. 친구와 묻고 대답해 봅시다.

   1) 오늘 전국 날씨는 어떻습니까?
   2) 오늘 대구와 서울의 기온은 어떻습니까?
   3) 오늘 미세 먼지 농도는 어떻습니까?
   4) 내일 전국 날씨는 어떻습니까?
   5) 이번 주 날씨는 어떻습니까?

4. 발음에 주의하면서 듣고 따라 해 봅시다. 07-5

   1) 오늘은 전국이 맑다가 흐려지겠습니다.
   [오느른] [전구기]

   2) 대구의 낮 기온이 20도까지 오르겠습니다.
   [기오니]

   3) 미세 먼지 농도는 전국적으로 '나쁨'이겠습니다.
   [전국쩌그로] [나쁘미게씀니다]

   4) 내일은 우산을 준비하셔야겠습니다.
   [내이른] [우사늘]

활동

여러분 고향의 오늘 날씨는 어떻습니까? 일기 예보를 만들어서 발표해 봅시다.

문법 3 -기 바라다

1. 다시 들어 봅시다. 07-6

> 남부 지방에는 안개가 끼는 곳도 있으니 교통안전에 **유의하시기 바랍니다.** 이번 주 내내 일교차가 크고 미세 먼지 농도가 높으니 건강에 **주의하시기 바랍니다.**

2. 다음과 같이 말해 봅시다.

조심하다	연락해 주다
가지고 오다	기다려 주다
사용하지 말다	무리하지 말다

1) 지갑을 찾습니다. 지갑을 주우신 분은 010-1234-5678번으로 연락해 주시기 바랍니다.
2) 지하철을 타고 내리실 때 ________________기 바랍니다.
3) 교환이나 환불을 원하는 경우에는 영수증을 꼭 ________________기 바랍니다.
4) 직원과 상담을 원하시는 분은 잠시 ________________기 바랍니다.
5) 영화를 보는 동안에는 핸드폰을 ________________기 바랍니다.
6) 더운 날에는 야외에서 일을 오래 하거나 ________________기 바랍니다.

3. 사람들에게 무엇을 안내해야 합니까? 말해 봅시다.

비행기에서
승무원이 탑승객들에게

놀이공원에서
직원이 손님들에게

한국어교육센터에서
선생님이 학생들에게

비행기에서 승무원이 탑승객에게 다음 사항들을 안내합니다.
1. 안전벨트를 매 주시기 바랍니다.
2. 입국 서류를 작성해 주시기 바랍니다.
3. 비행기가 출발하고 도착할 때는 창문을 열어 주시기 바랍니다.
4. 음악을 듣거나 영상을 보실 때는 이어폰이나 헤드폰을 사용해 주시기 바랍니다.

읽고 말하기

- 다음은 각 계절에 조심해야 하는 것들입니다. 또 어떤 것을 조심해야 합니까?

봄	여름	가을	겨울
꽃가루			

- 여러분은 무엇을 보고 재난 정보를 얻습니까?

미리 읽기

- 다음 '안전 안내 문자(긴급 재난 문자)'를 읽고 이야기해 봅시다.

> 8월 22일 1시 [안전 안내 문자]
> 오늘 15시 서울 지역 폭염 주의보.
> 어린이, 노약자는 외출 자제. 물을
> 충분히 마시기 바랍니다.

> 12월 21일 5시 [안전 안내 문자]
> 오늘 21시 중부 지역 한파 주의보.
> 어린이, 노약자는 외출 자제.
> 빙판길을 조심하시기 바랍니다.

1) 왜 안전 안내 문자가 왔습니까?

2) 문자에서 다음에 대해 무엇을 안내했습니까?

① 폭염 :

② 한파 :

읽기

● 다음은 투이가 '안전 안내 문자'를 받고 인터넷에서 '미세 먼지'에 대해 검색한 내용입니다. 읽어 봅시다.

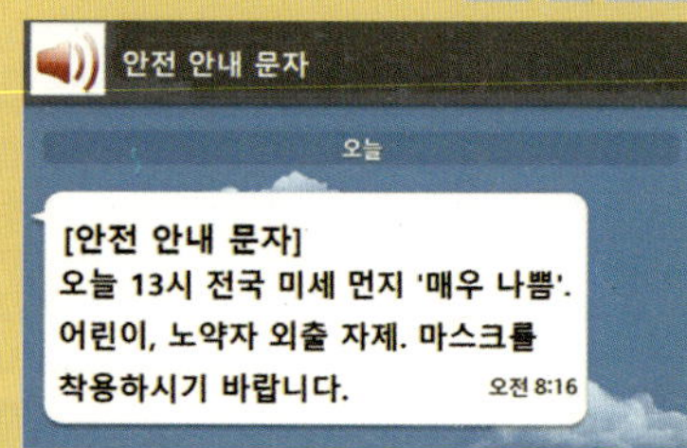

미세 먼지 ▼ 검색

미세 먼지

'미세 먼지'는 보통 먼지들보다 크기가 훨씬 작은 먼지를 말한다. 바람이 불지 않거나 공기가 움직이지 않을 때 미세 먼지의 농도가 높아진다. 미세 먼지는 코나 입으로 우리 몸에 들어와 건강에 좋지 않은 영향을 준다. 따라서 미세 먼지 농도가 높을 때는 외출을 자제하는 것이 좋으며 외출할 때는 마스크를 쓰는 것이 좋다.

미세 먼지 예보 기준

한국 환경부에 의하면 공기 중 미세 먼지 농도는 '좋음', '보통', '나쁨', '매우 나쁨' 네 단계로 나뉜다고 한다. 기상청에서는 미세 먼지 농도와 초미세 먼지 농도를 따로 예보한다. '초미세 먼지'는 미세 먼지보다 더 작은 미세 먼지를 말한다.

(단위 : ㎍/㎥)

미세 먼지	좋음	보통	나쁨	매우나쁨
한국 기준	0~30	31~80	81~150	151~
초미세 먼지	**좋음**	**보통**	**나쁨**	**매우나쁨**
한국 기준	0~15	16~50	51~100	101~

미세 먼지 발생 시 유의점

- 보통 – 노약자는 외출 시 건강에 유의하시기 바랍니다.
- 나쁨 – 노약자는 외출을 자제하시기 바랍니다.
- 매우 나쁨 – 노약자는 가능하면 외출하지 마시기 바랍니다.

미세 먼지 정보 확인

미세 먼지 정보는 기상청 홈페이지 또는 미세 먼지 어플리케이션(APP)에서 확인할 수 있다. 핸드폰으로 '안전 안내 문자'를 받고 싶으면 각 핸드폰의 사용자 설정이나 메시지 설정에 들어가서 '안전 안내 문자 수신'으로 설정을 바꾸면 된다.

1. 읽고 이야기해 봅시다.

1) 투이는 무엇에 대해 검색했습니까?

2) 투이는 이 정보를 어디에서 찾았습니까?

2. 글의 내용과 같으면 O, 다르면 X 하십시오.

1) 미세 먼지는 아주 작은 먼지를 말한다. (　　)
2) 바람이 많이 불면 미세 먼지 농도가 높아진다. (　　)
3) 농도를 기준으로 미세 먼지 단계를 나눈다. (　　)
4) 미세 먼지 농도가 높으면 외출 시 조심해야 한다. (　　)

3. 친구와 묻고 대답해 봅시다.

1) 투이는 왜 미세 먼지를 검색하게 되었습니까?
2) 미세 먼지는 사람에게 어떤 영향을 줄 수 있습니까?
3) 미세 먼지 농도가 높은 날은 어떻게 하는 것이 좋습니까?
4) 미세 먼지 정보는 어디에서 확인할 수 있습니까?

활동 최근에 한국은 미세 먼지가 심해졌습니다. 여러분 나라도 날씨가 달라졌습니까?

문법 4 에 의하면

1. 다시 읽어 봅시다.

한국 환경부**에 의하면** 공기 중 미세 먼지 농도는 '좋음', '보통', '나쁨', '매우 나쁨' 네 단계로 나뉜다고 한다.

2. 다음과 같이 말해 봅시다.

일기 예보 – 내일 장마가 시작되다
→ 일기 예보에 의하면
내일 장마가 시작된다고 합니다.

1) 일기 예보 – 내일 장마가 시작되다
2) 뉴스 기사 – 내년부터 집값이 오르다
3) 할아버지 말씀 – 10년 전에는 미세 먼지가 없었다
4) 선배들의 말 – 그 시험이 아주 어렵다
5) 조사 결과 – 여름철 냉방병에 걸리는 사람이 많다
6) 선생님 말씀 – 다음 주 월요일에 중간시험이 시작되다

3. 신문과 뉴스에 어떤 내용이 있습니까? 이야기해 봅시다.

국민 신문

- ✓ 내년 3월, 새 기숙사 지을 계획 세워
- ✓ 외국인 학생 중 중국 학생이 가장 많아
- ✓ 춤 동아리 회장, 춤 대회에서 우승해

세계 뉴스

- ✓ 뉴욕, 5월에 눈 내려 시민들 깜짝 놀라
- ✓ 러시아, 20대 여성들에게 채소 주스 인기
- ✓ ______________________________

가: 국민 신문에는 어떤 기사가 있어요?
나: 신문 기사에 의하면 내년 3월에 새 기숙사를 지을 거라고 해요. 세계 뉴스에는 어떤 뉴스가 나왔어요?
가: 뉴스 보도에 의하면 뉴욕에서 5월에 눈이 내렸다고 해요. 그래서 시민들이 깜짝 놀랐다고 해요.

08
부상·질병

어휘·표현

부상·질병 관련 어휘

대화 및 활동

문법 –다가[2]

–지 그랬어요

부상의 원인 설명하기

병원에서 진찰 받기

듣고 말하기

소음 난청에 대한 대화

문법 –(으)ㄹ수록

읽고 말하기

식중독 예방법을 설명하는 글

문법 –(으)ㄹ 뿐만 아니라

08과 부상·질병

준비

● 여러분은 다치거나 아팠던 경험이 있습니까?

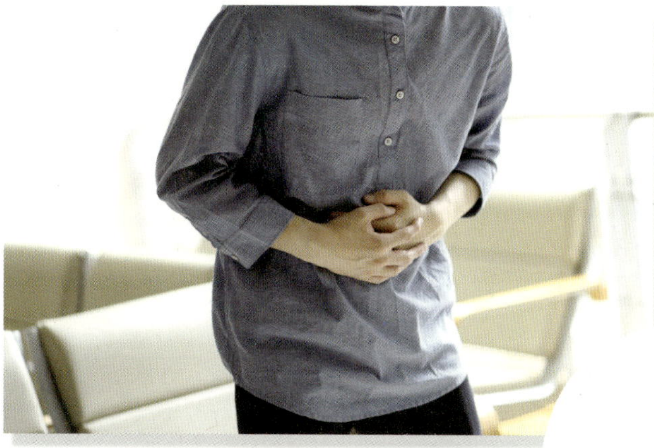

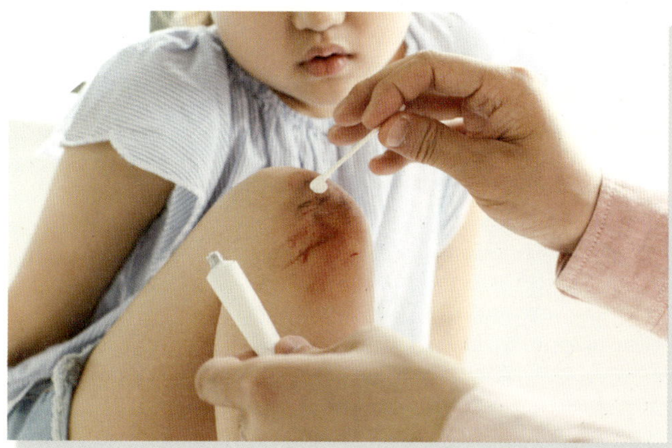

● 다치거나 아팠을 때 증상이 어땠습니까?

어휘·표현

1. 다치거나 부상을 당한 적이 있습니까? 이야기해 봅시다.

부상을 당하다

발목을 삐다	뼈가 부러지다 뼈에 금이 가다	손을 베이다 무릎이 까지다	손을 데다 손에 화상을 입다

2. 부상을 당하거나 상처가 났을 때 어떤 증상이 나타납니까?

통증이 있다/심하다　　물집이 생기다　　피가 나다　　멍이 들다　　가렵다

● 그림을 보고 알맞은 표현을 써 봅시다.

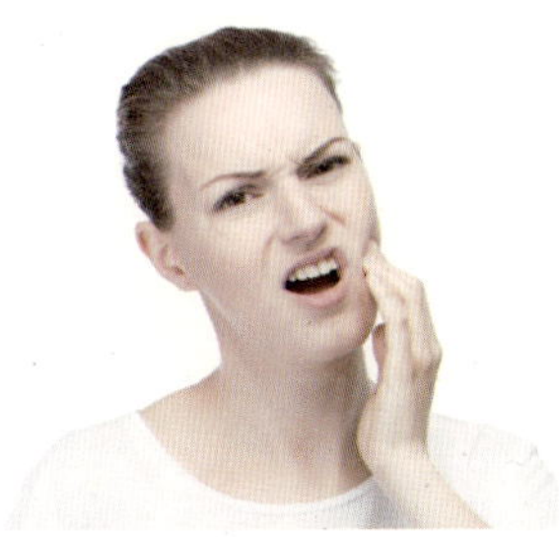
①

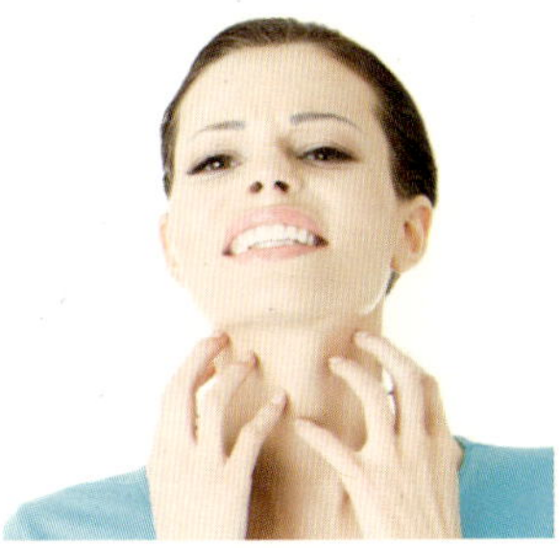
②

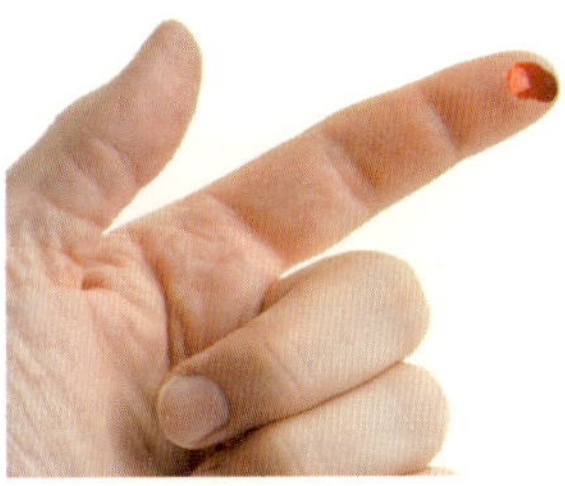
③

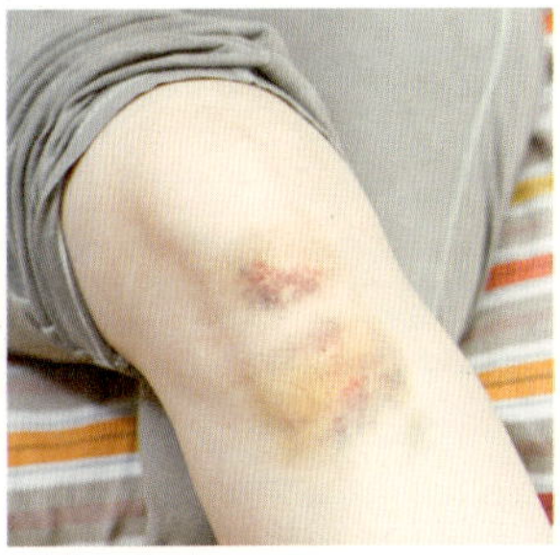
④

● 서로 관계있는 것을 연결해 봅시다.

부상	증상	치료
1) 무릎이 까지다 •	• 물집이 생기다 •	• 파스를 붙이다
2) 발목을 삐다 •	• 멍이 들고 피가 나다 •	• 소독 후 밴드를 붙이다
3) 손을 데다 •	• 붓고 통증이 있다 •	• 화상 연고를 바르다

3. 여러 가지 질환(질병)에 대해 알아봅시다.

여러 가지 병

체하다 몸살이 나다	알레르기가 있다 두드러기가 나다	독감/식중독/장염/암에 걸리다

4. 아파서 병원에 가면 무엇을 합니까?

진찰을 받다	검사를 받다 엑스레이를 찍다	깁스를 하다 붕대를 감다	입원하다 퇴원하다

- 그림을 보고 알맞은 표현을 써 봅시다.

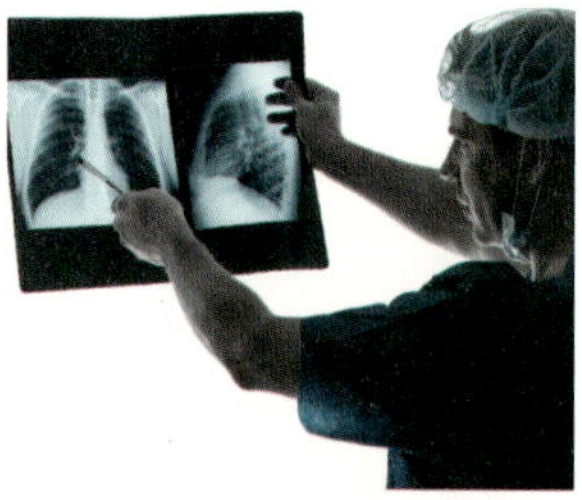

①

②

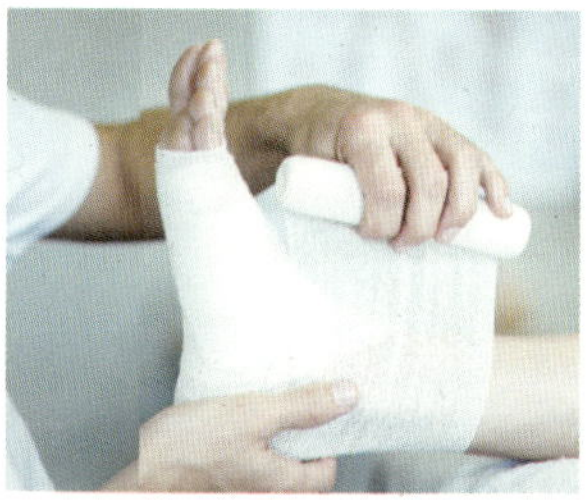

③

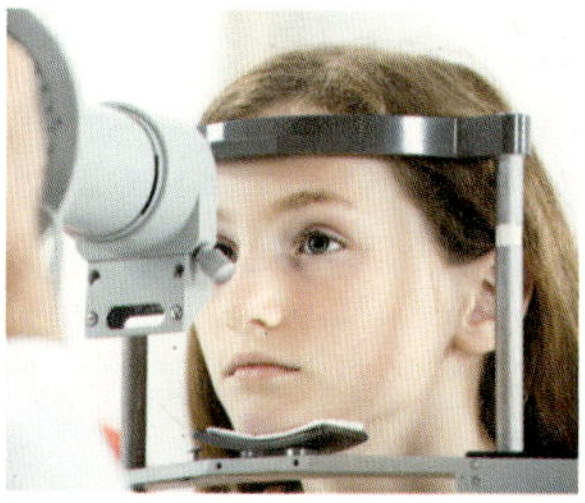

④

- 서로 관계있는 것을 연결해 봅시다.

병	증상	치료
1) 두드러기가 나다 •	• 열이 나고 춥다 •	• 검사를 받고 안약을 넣다
2) 독감에 걸리다 •	• 몸이 가렵다 •	• 약을 먹고 푹 쉬다
3) 눈병에 걸리다 •	• 눈이 빨개지고 아프다 •	• 피부 연고를 바르다

말하기

문법 1 -다가[2]

 손가락을 왜 다쳤어요?

 핸드폰을 보면서 **요리하다가** 칼에 베였어요.

1. 다음과 같이 묻고 대답해 봅시다.

> **가:** 그릇이 깨졌네요. 어떻게 하다가 그랬어요?
> **나:** 설거지를 하다가 손이 미끄러워서 바닥에 떨어뜨렸어요.

가	나
1) 그릇이 깨지다	설거지를 하다 - 손이 미끄럽다
2) 허리를 다치다	가구를 옮기다 - 가구가 무겁다
3) 팔에 멍이 들다	청소를 하다 - 가구에 부딪치다
4) 무릎이 까지다	자전거를 타다 - 넘어지다
5) 뼈에 금이 가다	스키를 타다 - 다른 사람과 부딪치다

2. 어렸을 때 다치거나 아팠던 적이 있습니까? 이야기해 봅시다.

두드러기가 나다 수술을 하다 깁스를 하다 입원하다 화상을 입다

 저는 어렸을 때 두드러기가 난 적이 있었어요. 초등학생 때까지 복숭아 알레르기가 있는 줄 몰랐어요. 그런데 복숭아를 먹다가 가려워서 보니까 두드러기가 났더라고요. 그래서 병원에 갔더니 의사 선생님이 복숭아 알레르기가 있으니까 복숭아를 먹으면 안 된다고 말씀하셨어요. 그때부터 지금까지 복숭아나 복숭아가 들어간 음식을 먹지 않았어요.

문법 2 -지 그랬어요

제가 친구 노트북을 마음대로 써서 친구가 화가 난 것 같아요.

친구한테 말하고서 **쓰지 그랬어요.**

1. 다음과 같이 묻고 대답해 봅시다.

가: 출석률이 낮아서 3급에서 다시 공부해야 돼요.
나: 학교에 잘 나오지 그랬어요.

1) 출석률이 낮아서 3급에서 다시 공부해야 되다
2) 춤을 추다가 발목을 삐어서 깁스를 하다
3) 쉬지 않고 일을 하다가 몸살이 나다
4) 옷을 환불받고 싶은데 영수증을 잃어버리다
5) 이번 달에 쇼핑을 많이 해서 생활비가 부족하다

2. 같이 이야기해 봅시다.

- 삼겹살을 너무 많이 먹어서 체하다
- 창문을 열고 자다가 감기에 걸리다
- 초콜릿을 많이 먹어서 충치가 생기다
- 계단에서 뛰다가 넘어졌는데 발목을 삐다

가: ㅇㅇ 씨, 어디가 안 좋아요?
나: 삼겹살을 너무 많이 먹어서 체한 것 같아요. 배가 너무 아파요.
가: 왜 그렇게 많이 먹었어요?
나: 너무 맛있어서 배가 부른데도 계속 먹었어요.
가: 좀 적게 먹지 그랬어요. 약은 먹었어요?

대화 1

● 장설과 압둘라가 무슨 이야기를 합니까? 08-1

압둘라　장설 씨, 다리가 왜 그래요?
장설　수업에 늦어서 뛰다가 빙판길에서 미끄러졌어요.
압둘라　조심하지 그랬어요. 어디 한번 봐요.
장설　괜찮아요. 그렇게 아프지 않아요.
압둘라　무릎이 까지고 피가 나는데요. 병원에 안 가도 되겠어요?
장설　네, 그냥 소독약을 바르면 될 것 같아요.
압둘라　혹시 모르니까 통증이 심해지면 꼭 병원에 가 보세요.
장설　그렇게 할게요.

1. 확인해 봅시다.

1) 장설은 어떻게 하다가 다쳤습니까?

2) 장설은 어떻게 치료하려고 합니까?

2. 대화를 만들어서 발표해 봅시다.

다리	수업에 늦어서 뛰다가 빙판길에서 미끄러지다	무릎이 까지고 피가 나다	소독약을 바르다
팔	핸드폰을 보면서 걷다가 나무에 부딪치다	파랗게 멍이 들었다	파스를 붙이다
손가락	농구공을 잡다가 손가락을 다치다	손가락이 많이 부었다	얼음찜질을 하다
손	뜨거운 커피를 마시다가 쏟다	물집이 생겼다	화상 연고를 바르다

대화 2

● 다리를 다친 장설이 병원에 갔습니다. 장설과 의사가 어떻게 이야기합니까?

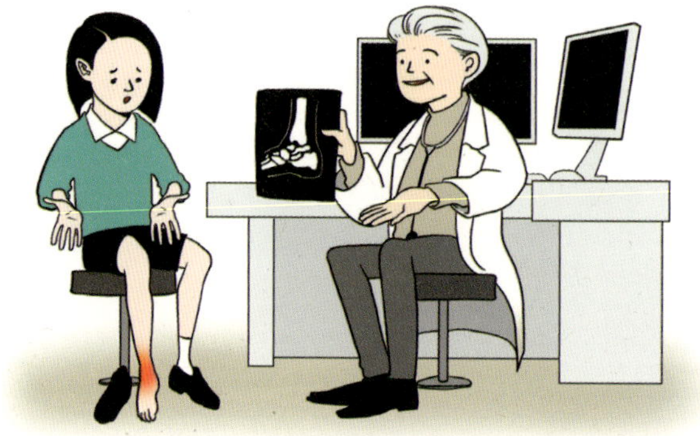

1. 대화를 만들어 봅시다.

대화에 무슨 내용이 필요해요?	어떤 표현을 사용할 수 있어요?
병원을 방문한 이유 묻기	어디가 안 좋으세요?
다친 이유 및 증상 말하기	-다가 -았는데/었는데 -아서요/어서요
검사 제안하기	-아/어 봅시다
진단 및 치료법 말하기	-아야/어야 합니다

2. 대화를 들으면서 확인해 봅시다. 08-2

의사 어디가 안 좋으세요?
장설 빙판길을 걷다가 넘어졌는데 다리 통증이 점점 심해져서요.
의사 언제 다치셨어요?
장설 이틀 전에요. 처음에는 별로 안 아파서 약만 발랐는데 지금은 너무 아파요.
의사 그럼 먼저 엑스레이를 찍어 봅시다.

* 검사 후 *

의사 발목뼈에 금이 갔네요. 한 달 정도 깁스를 하셔야 합니다.
장설 한 달이나요?
의사 네, 오늘 깁스를 하시고 2주 후에 병원에 오세요. 그때 다시 상태를 확인해 봅시다.
장설 알겠습니다.

3. 확인해 봅시다.

1) 장설은 어떤 검사를 받았습니까?

2) 장설의 다리는 어떤 상태입니까?

활동

여기는 병원입니다. 의사와 환자가 되어 대화해 봅시다.

증상	검사	진단	처방
요리하다가 뜨거운 물에 데었는데 물집이 생겼다.	상태를 확인하다	화상을 입다	2주 동안 소독을 하고 붕대를 감고 있어야 하다
책상에 허리 쪽을 부딪쳤는데 통증이 심하다.	엑스레이를 찍다	갈비뼈에 금이 가다	붕대를 감고 일주일 동안 입원해서 치료를 받아야 하다
날마다 컴퓨터를 오래 사용하는데 요즘 물건이 잘 안 보인다.	눈 검사를 하다	시력이 나빠지다	안경을 맞춰야 하다

듣고 말하기

● 여러분은 이어폰으로 음악을 자주 듣습니까?

● 음악을 들을 때 큰 소리로 듣는 편입니까?

미리 듣기

● 뉴스를 듣고 이야기해 봅시다. 08-3

1) '난청'은 무엇입니까?

2) 난청은 누구에게 나타날 수 있습니까?

듣기

● 간토야와 알렉세이가 이야기합니다. 들어 봅시다. 08-4

1. 듣고 이야기해 봅시다.

1) 두 사람은 무엇에 대해 이야기하고 있습니까?

2) 들은 내용을 정리하여 빈칸에 알맞은 말을 쓰십시오.

①	사람들이 대중교통을 이용할 때나 주변이 시끄러울 때
②	되고, 계속 그렇게 듣다가 귀에 문제가 생길 수 있다.

2. 들은 내용과 같으면 O, 다르면 X 하십시오.

1) 소음 난청이 생기면 작은 소리를 잘 못 듣게 된다. ( )
2) 소음 난청이 생기면 증상이 금방 나타난다. ( )
3) 간토야는 뉴스에서 소음 난청에 대해 들은 적이 있다. ( )
4) 알렉세이는 가족들에 비해 TV 소리를 작게 듣는 편이다. ( )

3. 친구와 묻고 대답해 봅시다.

1) 소음 난청은 어떻게 하다가 생길 수 있습니까?
2 소음 난청이 생긴 것을 어떻게 알 수 있습니까?
3) 간토야는 알렉세이에게 어떻게 하라고 조언했습니까?

4. 발음에 주의하면서 듣고 따라 해 봅시다. 08-5

1) 대중교통을 이용할 때나 주변이 시끄러울 때 소리를 높이게 된다.

2) 소음 난청은 시간이 갈수록 증상이 조금씩 심해진다고 해.

3) 평소에 대화할 때 상대방 말이 잘 안 들려서 자꾸 되물은 적이 있는지 잘 생각해 봐.

4) 혹시 모르니까 병원 가서 검사 한번 받아 보는 게 어때?

활동 안 좋은 생활 습관 때문에 생길 수 있는 질환이나 증상에 대해 말해 봅시다.

안 좋은 생활 습관

↓

질환이나 증상

문법 3 -(으)ㄹ수록

1. 다시 들어 봅시다. 08-6

간토야 소음 난청은 처음에는 별 증상이 없어서 잘 모르지만 시간이 **갈수록** 증상이 조금씩 심해진다고 해.
알렉세이 그래? 그럼 소음 난청이 생긴 건 어떻게 알 수 있어?

2. 다음과 같이 묻고 대답해 봅시다.

가: 외국어를 배우는 게 어때요?
나: 배울수록 더 재미있어요.

가	나
1) 외국어를 배우는 게 어때요?	배우다
2) 노트북이 너무 비싸네요.	기능이 많다
3) 서핑을 해 보니까 어때요?	하다
4) 그 노래를 자주 듣네요. 노래가 좋아요?	듣다
5) 소개팅에서 만난 남자/여자를 계속 만난다면서요?	만나다

3. 같이 이야기해 봅시다.

건강에 안 좋은 생활 습관에는 어떤 것들이 있습니까?

파티를 할 때 어떻게 하면 분위기가 더 좋아질까요?

어떻게 하면 ___________을/를 더 잘할 수 있을까요?

가: 건강에 안 좋은 생활 습관에는 어떤 것들이 있을까요?
나: 게임을 많이 하면 할수록 시력이 나빠질 거예요.
다 : 야식을 많이 먹으면 먹을수록 살이 찔 거예요.

읽고 말하기

- 여러분은 요리를 자주 합니까?
- 여러분은 요리할 때 무엇에 신경 씁니까?

□ 손 씻기	□ 재료 깨끗이 씻기	□ 조리 기구 깨끗이 씻기
□ 음식 잘 익히기	□ 남은 음식 냉장고에 넣기	□ 채소와 고기 따로 손질하기

미리 읽기

- 그림을 보고 이야기해 봅시다.

요리 전에 손을 씻는다.

① ______ 기구는 깨끗이 씻는다

물은 ② ______ 먹는다.

음식은 충분히 ③ ______ 먹는다.

주변의 ④ ______ 에 신경 쓴다.

1) 알맞은 단어를 골라 빈칸에 쓰십시오.

조리	위생	익히다	끓이다

2) 위의 그림은 어떤 질병에 대한 예방법일까요?

읽기

다음은 식중독 예방법에 관한 글입니다. 읽어 봅시다.

여름은 높은 온도와 습도 때문에 음식물이 잘 상해서 식중독의 위험이 높은 계절이다. 그래서 사람들은 음식물 관리와 위생에 매우 신경을 쓴다. 그러나 날씨가 시원해지면 식중독에 잘 걸리지 않는다고 생각하여 음식물 관리에 소홀하게 된다. 하지만 식중독은 여름뿐만 아니라 다른 계절에도 자주 발생한다. 봄과 가을에도 낮 기온이 높은 날이 많아서 세균이 잘 자랄 수 있고, 겨울 또한 위생에 신경 쓰지 않으면 식중독에 걸릴 수 있다. 그렇다면 어떻게 해야 식중독을 예방할 수 있을까?

가장 쉽고 필수적인 세 가지 방법은 '끓여 먹기, 익혀 먹기, 손 씻기'이다. 먼저 물은 끓여서 마시는 것이 가장 안전하다. 그리고 고기나 어패류는 속까지 다 익혀서 먹어야 한다. 덜 익힌 음식에는 세균이 남아 있어서 설사, 복통 등의 증상을 일으킬 수 있다. 마지막으로 손 씻기는 건강을 지켜 주는 가장 기본적인 방법이다. 30초 동안 손을 깨끗하게 씻으면 우리 손안에 있는 약 6만 마리 이상의 세균을 없앨 수 있을 뿐만 아니라 많은 질병을 예방할 수 있다. 그래서 손 씻는 것을 '30초의 기적'이라고 말한다.

이 외에도 식재료와 조리 기구를 깨끗이 씻는 것, 고기류와 채소류의 조리 기구를 따로 사용하는 것, 조리된 음식을 먹지 않을 때는 바로 냉장고에 넣는 것 등이 식중독을 예방하는 데 도움이 된다. 특히 도시락, 김밥 등 조리되어 나온 식품은 구매 후 네 시간 안에 빨리 먹어야 한다.

이처럼 조금만 주의하면 식중독을 예방할 수 있다. 여름에만 식중독에 걸릴 수 있다는 생각을 버리고, 일 년 내내 건강하게 생활할 수 있게 항상 위생에 신경 써야 할 것이다.

1. 읽고 이야기해 봅시다.

1) 식중독은 어느 계절에 걸릴 수 있습니까?

2) 식중독을 예방하는 필수적인 세 가지 방법은 무엇입니까?

①

②

③

2. 글의 내용과 같으면 O, 다르면 X 하십시오.

1) 온도와 습도가 높으면 식중독에 잘 걸린다. (　　)
2) 봄과 가을에는 식중독에 걸릴 위험이 매우 적다. (　　)
3) 고기나 채소를 준비할 때 조리 기구를 따로 사용하는 것이 좋다. (　　)
4) 도시락과 김밥 같은 음식은 구매 후 네 시간이 지나면 냉장고에 넣어야 한다. (　　)

3. 친구와 묻고 대답해 봅시다.

1) 식중독은 왜 걸립니까?
2) 식중독에 걸리면 어떤 증상들이 나타납니까?
3) 요리하는 동안 어떤 점들을 신경 써야 합니까?
4) 손 씻는 것을 '30초의 기적'이라고 말하는 이유는 무엇입니까?

활동 　위염에 걸리는 원인을 읽고 예방법에 대해 이야기해 봅시다.

원인
1. 맵거나 자극적인 음식을 자주 먹을 때 걸릴 수 있다.
2. 과음, 불규칙적인 식사 등 잘못된 식습관이 위염을 일으킬 수 있다.
3. 심한 스트레스도 위염의 원인이 될 수 있다.

⬇

예방법
✓
✓
✓

문법 4 -(으)ㄹ 뿐만 아니라

1. 다시 한번 읽어 봅시다.

30초 동안 손을 깨끗하게 씻으면 우리 손안에 있는 약 6만 마리 이상의 세균들을 **없앨 수 있을 뿐만 아니라** 많은 질병을 예방할 수 있다.

2. 다음과 같이 말해 봅시다.

한옥은 아름답다 – 주변의 자연과도 잘 어울리다
→ 한옥은 아름다울 뿐만 아니라 주변의 자연과도 잘 어울린다.

1) 한옥은 아름답다 – 주변의 자연과도 잘 어울리다
2) 학교 통학 버스는 편리하다 – 무료로 이용할 수 있다
3) 동대문 야시장은 볼거리가 다양하다 – 먹거리도 다양하다
4) 오늘 배운 내용을 복습했다 – 내일 배울 내용도 미리 공부했다
5) 요즘 아이돌 가수들은 노래를 잘하다 – 연기도 잘하다

3. 같이 이야기해 봅시다.

감기가 심한 것 같다 – 증상	한국으로 유학 가려고 하다 – 한국 생활	산책을 할까 하다 – 지금 바깥 날씨	광장 시장에 갈까 하다 – 이 시장

가: 감기가 심한 것 같은데 증상이 어때요?
나: 두통이 심할 뿐만 아니라 콧물도 계속 나와요.
가: 감기에 걸린 지 오래된 것 같은데 병원에는 다녀왔어요?
나: 네, 약도 먹었는데 잘 낫지 않네요.
가: 그럼 집에 가서 푹 쉬세요. 아플 때는 휴식을 취하는 게 좋아요.

쓰기 4 메모

알아보기

1. 다음을 읽어 봅시다.

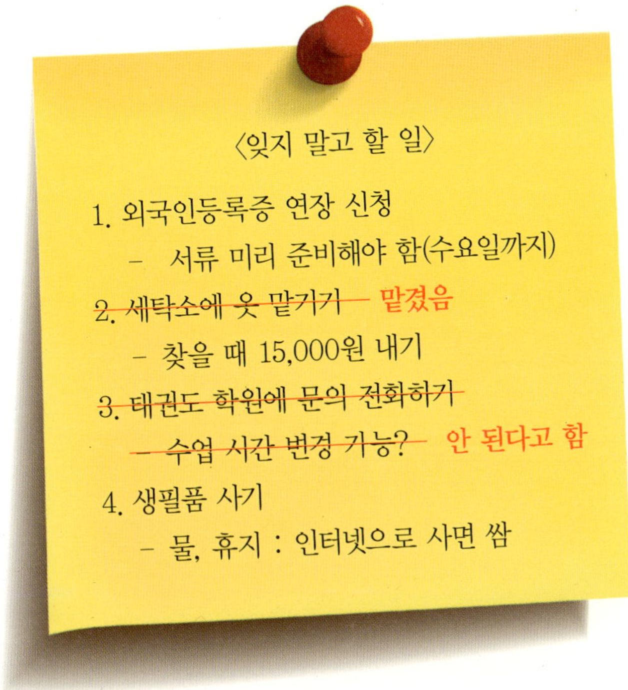

2. 메모의 특징을 알아 봅시다.

1) 완전한 문장으로 쓰지 않고 명사형으로 문장을 끝내는 경우가 많다.

토픽 시험을 신청해야 한다 → 토픽 시험 신청 / 토픽 시험 신청하기 / 토픽 시험 신청해야 함

● 동사나 형용사를 명사형으로 만드는 방법은 다음과 같다.

	형태	특징
–기	동사 + –기	① 앞으로 할 일, 계획 등에 사용한다. ② '–기' 앞에는 다른 문법을 사용할 수 없다. 예) 신청해야 하기(X), 신청했기(X)
–(으)ㅁ	동사 + –(으)ㅁ 형용사 + –(으)ㅁ	① 일반적인 사실을 메모할 때 사용한다. ② '–(으)ㅁ' 앞에 다른 문법을 함께 사용할 수 있어서 다양한 내용 표현이 가능하다. 예) 안 된다고 함(O), 신청했음(O)

2) 조사가 생략되는 경우가 많다.

토픽을 신청해야 한다. → 토픽 신청하기	수업 시간을 변경하는 것이 가능할까? → 수업 시간 변경 가능?

3. 다음의 내용을 메모로 만들어 봅시다.

게스트 하우스 이용 안내입니다.

1. 체크인은 오후 1시 이후에 가능합니다.
2. 객실 안에서는 흡연을 할 수 없습니다.
3. 다음 날 조식을 드시려면 미리 신청하셔야 합니다.
4. 퇴실 시에는 쓰레기 분리수거를 해 주시기 바랍니다.

↓

게스트 하우스 이용 안내

1. ______________________
2. ______________________
3. ______________________
4. ______________________

4. 이번 주에 잊지 말고 해야 할 일을 메모해 봅시다.

쓰기 4 글쓰기

설명하는 글 2

1. 질병의 원인과 예방법에 대한 글을 쓰려고 합니다. 아래에 제시된 위염의 원인을 읽고 그 예방법에 대해 생각해 봅시다.

위염의 원인

1. 맵거나 자극적인 음식을 자주 먹을 때 걸릴 수 있다.
2. 과음, 불규칙적인 식사 등 잘못된 식습관이 위염을 일으킬 수 있다.
3. 심한 스트레스도 위염의 원인이 될 수 있다.

2. 다음은 위염 예방법에 대한 세 가지 그림입니다. 그림을 보고 '주제 문장'과 주제 문장을 '설명하는 문장'을 써 봅시다.

		주제 문장	설명 문장
단락1	자극적인 음식 NO!  	자극적인 음식을 먹지 않는 것이 좋다	맵고 짠 음식이나 구운 음식 같은 자극적인 음식은 위에 좋지 않다. 대신에 신선한 채소나 물에 삶은 고기를 먹는 것이 좋다.
단락2	좋은 식습관 필요  		
단락3	좋은 생활 습관 필요  		

3. 설명하는 글을 쓸 때 다음의 문법과 표현을 사용하면 좋습니다.

원인	조언	예시
-기 때문에 왜냐하면 -기 때문이다	-아야/어야 하다 -는 게 좋다 -는 것이 중요하다	예를 들면

4. 위염의 원인과 예방법에 대한 글을 쓰기 위한 개요표를 작성해 봅시다.

처음	• 시작하는 말 • 위염의 원인	
가운데	• 예방법1	
	• 예방법2	
	• 예방법3	
끝	• 정리하는 말	

5. 위염의 원인과 예방법에 대해 글을 써 봅시다.

부록

- 3-1 듣기 대본
- 모범 답안
- mp3 목록

3-1 듣기 대본

1과 학교생활 1

미리 듣기 01-3

간토야 바트 씨, 지금 집에 가는 거예요? 점심은 먹었어요?

바트 아니요, 아직 안 먹었어요. 그래서 지금 학생 식당에 가는 길이에요. 오늘 메뉴를 보니까 칼국수가 나온다고 해요.

간토야 이 건물 지하 1층에 있는 학생 식당요? 전 거기는 아직 안 가 봤는데, 어때요?

바트 가격도 싸고 맛있어요. 지금 같이 먹으러 갈래요?

간토야 네, 좋아요. 거기는 처음 가 보는데, 기대되네요.

듣기 01-4

장핑 와, 마키! 우리 다시 같은 반이 됐네. 정말 반갑다.

마키 나도 반가워. 반에 아는 사람이 없어서 걱정했는데 정말 다행이다.

장핑 나도 네가 있어서 다행이야. 그런데 너는 방학 동안 뭐 했어?

마키 길음역 근처로 이사했어.

장핑 아, 그랬구나. 그럼 학교에 올 때 몇 번 버스 타? 153번?

마키 아니, 나는 보통 통학 버스를 타. 우리 학교 학생은 무료야.

장핑 통학 버스? 우리 학교에 통학 버스가 있어?

마키 나도 얼마 전에 알게 됐는데 이용해 보니까 정말 편하고 좋아.

장핑 학교에서 길음역에 갈 때도 탈 수 있어?

마키 물론이지. 학교 정문으로 나가서 횡단보도 건너편 쪽을 보면 버스가 있어.

장핑 진짜 좋은 정보네. 이따가 나도 길음역에 가니까 수업 끝나고 같이 타러 가자.

마키 응, 같이 가자. 그런데 넌 방학에 뭐 했어?

장핑 나는 고향에 다녀왔어. 그리고 요즘은 아르바이트를 찾고 있어.

마키 우리도 아르바이트를 할 수 있어?

장핑 그럼, 한국에 온 지 6개월이 지났으니까 이제 할 수 있어.

마키 그렇구나. 그런데 매일 네 시간씩 수업 들으면서 아르바이트까지 할 수 있을까? 둘 다 같이 하는 건 생각보다 힘들걸.

장핑 나도 그렇게 생각해. 그래서 주말에만 하는 일을 찾고 있어.

마키 그래, 그게 나을 것 같아. 참! 아르바이트 할 때 사무실에 가서 서류를 작성해야 한다고 했지? 뭐더라?

장핑 나도 이름은 기억이 안 나네. 사무실에 가서 어떤 서류인지 다시 확인해 봐야겠다.

2과 일상생활

미리 듣기 02-3

간토야 투이, 너 요즘 운동해?

투이 아니, 날씨가 추워서 못 하고 있어.

간토야 그럼 우리 같이 헬스클럽에 운동하러 다닐래?

투이 좋아, 혼자 하는 것보다 심심하지도 않고 좋지.

간토야 학교 앞에 있는 헬스클럽 광고를 봤는데 가격도 괜찮고 시설도 좋은 것 같더라. 이따가 내가 직접 가서 알아볼게.

듣기 02-4

간토야 안녕하세요? 저, 여기 등록하려고 하는데요.

직원 네, 어서 오세요. 헬스 해 보신 적 있으세요?

간토야 아니요, 다른 운동은 많이 해 봤는데 헬스는 처음이에요. 시설을 좀 둘러봐도 돼요?

직원 그럼요. 편하게 둘러보세요.

간토야 시설이 정말 깨끗하고 좋네요.
한 달 이용료는 어떻게 돼요?

직원 한 달에 5만 원인데 3개월 등록하시면 12만 원 입니다.

간토야 제가 친구랑 같이 등록할까 하는데 두 명이 같이 등록하면 할인이 되나요?

직원 아, 더 할인이 되지는 않고요, 두 분이 같이 등록하시면 사은품으로 수건을 드리고 있습니다.

간토야 네. 혹시 운동 기구를 사용할 줄 모르면 가르쳐 주시나요?

직원 첫날 오시면 전체적으로 설명해 드리니까 걱정하지 마세요. 그리고 기구 없이 할 수 있는 운동도 가르쳐 드려요.

간토야 다행이네요. 해 본 적이 없어서 좀 걱정했거든요. 그런데 여기, 이 특별 수업은 뭐예요?

직원 회원들이 무료로 들을 수 있는 수업인데 요가와 방송 댄스가 있어요.

간토야 방송 댄스요?

직원 네, K-pop에 맞춰 춤을 추는 건데 아주 인기가 많아요.

간토야 재미있게 운동할 수 있겠네요. 그 수업은 따로 신청해야 하는 건가요?

직원 아니요, 수업 시간에 오시면 선착순으로 들어갈 수 있어요. 편한 시간에 수업을 들으시면 됩니다. 그럼 오늘 등록하시겠어요?

간토야 아니요, 오늘은 친구가 바빠서 저만 왔어요. 내일 같이 와서 등록할게요.

직원 알겠습니다. 그리고 저희 홈페이지도 있으니까 한번 들어가 보시고 문의 사항이 있으시면 언제든지 연락 주세요.

간토야 네, 안녕히 계세요.

3과 집

미리 듣기 03-3

1. 대화 (1)

주인 차린 건 별로 없지만 많이 드세요.

손님 뭘 이렇게 많이 준비하셨어요? 잘 먹겠습니다.

2. 대화 (2)

주인 어서 오세요. 오는 데 힘들지 않으셨어요?

손님 별로 힘들지 않았어요. 초대해 주셔서 감사합니다.

듣기 03-4

알렉세이 한국 친구가 결혼을 해서 집들이를 하는데 뭘 사 가는 게 좋을까요?

윤아 한국에서는 집들이 때 두루마리 휴지나 세제를 많이 사 가요.

알렉세이 왜요?

윤아 새집에서 모든 일이 휴지처럼 잘 풀리라고요.

알렉세이 그래요? 아! '일이 풀리다'라는 표현을 배운 적이 있어요. 그런데 세제는 왜 사 가는 거예요?

윤아 알렉세이 씨가 한번 맞혀 보세요.

알렉세이 음, 집을 깨끗하게 청소하라고요?

윤아 그건 아니고요. 세제는 거품이 많이 나잖아요. 그렇게 행복한 일들이 많이 생기라고 세제를 사 가는 거예요.

알렉세이 선물의 의미를 들으니까 재미있네요. 휴지와 세제를 모두 사 가야겠어요. 그런데 한국 사람 집에 갈 때 특별히 주의할 점은 없어요?

윤아 글쎄요, 특별한 건 없는데 한국에서는 집에 들어갈 때 신발을 벗으니까 양말을 신고 가는 게 좋아요. 다른 사람 집에 맨발로 들어가는 건 실례예요.

알렉세이 그렇군요. 근데 집들이에 가면 보통 뭘 해요?

윤아 집 구경도 하고 결혼사진도 봐요. 맛있는 음식도 먹고요. 집이 예쁘다고 칭찬해 주면 친구가 좋아할 거예요.

알렉세이 알겠어요. 참, 윤아 씨도 새집으로 이사했다고 들었는데 집들이 안 하세요?

윤아 저는 지금 부모님과 같이 살고 있어서 집들이를 하기는 어려워요. 결혼하면 해야지요. 그때 알렉세이 씨도 초대할게요.

알렉세이 네, 꼭 초대해 주세요.

4과 문제 해결

미리 듣기 04-3

1. 대화 (1)

남자 여보세요.

여자 네, 우체국 택배입니다.

남자 택배를 좀 보내려고 하는데요.

여자 보내시는 물건이 어떤 물건인가요?

남자 책이에요.

여자 네. 알겠습니다. 내일 세 시에서 다섯 시 사이에 기사님이 집으로 방문하실 겁니다.

2. 대화 (2)

여자 안녕하세요? 뭘 도와 드릴까요?

남자 중요한 서류를 좀 보내려고 하는데요.

여자 그럼 등기로 보내시겠어요?

남자 등기로 보내면 받는 사람에게 직접 배달되는 거 맞지요?

여자 네, 맞습니다. 본인 외에 다른 사람은 받을 수 없습니다.

듣기 04-4

택배 기사 여보세요? 저는 우체국 택배 기사인데요. 장설 씨 되십니까?

장설 네, 맞는데요. 무슨 일이세요?

택배 기사 중국에서 우편물이 와서 배달하려고 하는데 지금 집에 계세요?

장설 아니요, 제가 지금 수업 중이라서 학교에 있어요. 그냥 문 앞에 놔 주세요.

택배 기사 이건 등기라서 본인이 직접 받으셔야 해요.

장설 그래요? 그럼 한 시에 수업이 끝나니까 오후에 다시 와 주시면 안 될까요?

택배 기사 죄송하지만, 지역마다 정해진 시간이 있어서 시간을 변경하기는 어렵고 내일 오전에 다시 오겠습니다.

장설 내일도 수업이 있어서 이 시간에는 제가 집에 없는데 어떻게 하지요? 혹시 옆집에 사는 친구에게 부탁해서 받아도 될까요?

택배 기사 안 됩니다. 내일까지 못 받으면 직접 우체국으로 찾으러 오셔야 돼요.

장설 어느 우체국으로 가야 하나요?

택배 기사 성북 우체국요. 오실 때 신분증을 꼭 가지고 오세요.

장설 알겠습니다. 그런데 언제까지 가면 돼요?

택배 기사 6월 13일 토요일까지 찾으러 오시면 됩니다.

장설 몇 시까지 가야 해요?

택배 기사 평일에는 오후 여덟 시까지, 토요일은 여섯 시까지 찾을 수 있습니다. 제가 지금 문 앞에 안내서를 붙였으니까 확인해 주세요.

장설 알겠습니다. 감사합니다.

5과 여가

미리 듣기 05-3

가 주말에 뭐 할 거야?

나 글쎄, 왜?

가 어디 놀러 가고 싶어서.

다 그럼, 한강에 놀러 갈까? 한강에서 자전거도 탈 수 있고, 캠핑도 할 수 있다고 하더라.

나 그래? 재미있겠다. 우리 캠핑해 보자.

가 근데 텐트랑 캠핑 장비 있어?

다 없는데 아마 빌릴 수 있을 거야. 내가 캠핑장에 전화해서 물어볼게.

나 그럼, 나는 다른 친구들한테 같이 가자고 해 볼게.

듣기 05-4

직원 안녕하세요? 캠핑장입니다.

투이 안녕하세요? 캠핑장 이용에 대해 문의 좀 하려고 전화했어요.

직원 네, 말씀하세요.

투이 다음 주 토요일에 친구들과 캠핑을 하려고 하는데 텐트를 빌릴 수 있나요?

직원 네, 본인 텐트를 사용할 수도 있고 인원수에 따라 적당한 텐트를 빌릴 수도 있습니다. 몇 명이 오실 건가요?

투이 여덟 명이요.

직원 그럼 '몽골 텐트'를 사용하세요.

투이 '몽골 텐트'가 뭐예요?

직원 다른 텐트보다 크고 지붕이 몽골 전통 집과 비슷한 텐트예요.

투이 아, 그렇군요. 그리고 저, 친구한테 들었는데 캠핑장에서 바비큐를 할 수 있다면서요? 바비큐 장비도 빌릴 수 있나요?

직원 네, 모든 장비가 대여 가능하고 고기와 채소도 캠핑장 안의 마트에서 다 구입하실 수 있습니다.

투이 정말 편리하네요. 텐트하고 바비큐 장비 대여료는 얼마예요?

직원 몽골 텐트는 대형을 사용하시면 되고 오만 원입니다. 그리고 바비큐 장비는 테이블당 이만 팔천 원이에요.

투이 캠핑장은 몇 시부터 이용할 수 있어요?

직원 오전 열 시 삼십 분부터 이용하실 수 있고 다음 날 오전 아홉 시 삼십 분까지 체크아웃해 주셔야 합니다.

투이 혹시 캠핑장 안에서 자전거를 탈 수 있나요?

직원 안전사고 때문에 캠핑장 안에서는 자전거를 탈 수 없습니다.

투이 네, 알겠습니다. 감사합니다.

6과 건강

미리 듣기 06-3

1) **남**: 불안하고 화가 날 때 어떻게 해요?
   여: 저는 명상을 해요. 그럼 마음이 편안해지더라고요.
2) **남**: 스트레스가 심해서 여행을 다녀올까 해요.
   여: 잘 생각했어요. 여행을 하면 기분 전환이 될 거예요.
3) **남**: 요즘 좀 우울하고 기분이 안 좋아요.
   여: 좋아하는 사람들을 만나 보세요. 그럼 부정적인 생각이 줄어들 거예요.
4) **남**: 앞으로도 건강하게 살려면 평소에 꾸준히 운동하는 게 좋아요.
   여: 꾸준한 운동이 좋은 건 아는데 실천하기가 쉽지 않네요.
5) **남**: 의미 있게 시간을 보낼 수 있는 방법에는 어떤 것이 있을까요?
   여: 봉사 활동 같은 걸 해 보세요.

듣기 06-4

남 안녕하세요? 심리 상담 센터 이승훈입니다.

오늘은 우울할 때 기분을 전환할 수 있는 방법에 대해 얘기해 보겠습니다. 우울한 감정은 누구에게나 생길 수 있지만 그런 마음이 오래가면 좋지 않겠죠. 그럼 우울할 때 기분을 좋게 하는 네 가지 방법을 알아볼까요?

먼저 운동을 하는 것입니다. 운동을 하면 혈액 순환이 좋아지고 기분 전환에도 도움이 됩니다. 매일 꾸준히 가볍게 걷기만 해도 좋은 기분을 유지하는 데 도움이 될 겁니다.

둘째, 명상을 하는 것입니다. 명상을 하면 화가 나는 감정이 줄어들고, 긍정적인 생각이 듭니다. 명상을 할 시간이 없으면 틈틈이 숨을 세 번 깊게 쉬어 보세요. 이런 행동도 우리의 마음을 편안하게 만들어 줍니다.

셋째, 사람들과 자주 만나는 것입니다. 혼자 있으면 외로워지고 우울한 마음이 생길 수 있습니다. 사람들과 만나서 즐겁게 시간을 보내면 부정적인 생각이 줄어들게 될 겁니다.

마지막은 시간을 의미 있게 보내는 것입니다. 취미 활동, 봉사 활동 등이 모두 의미 있는 일입니다. 이런 활동들을 하다 보면 기분이 좋아지고 스트레스도 풀릴 수 있습니다.

이런 방법들은 누구나 알고 있는 것이지만 실제로 실천하는 사람은 많지 않습니다. 건강한 몸을 위해 운동하는 것처럼 정신 건강을 위해서도 노력이 필요합니다. 오늘부터 이 네 가지 방법을 실천해 보세요. 좀 더 활기찬 생활을 할 수 있을 겁니다.

7과 날씨

미리 듣기 07-3

1. 오늘 아침 최저 기온은 영하 5도, 낮 최고 기온은 영상 2도입니다.
2. 오늘은 전국적으로 날씨가 흐리겠습니다. 특히 남부 지방에는 비가 오는 곳도 있겠습니다.

듣기 07-4

3월 28일 오늘의 날씨를 말씀드리겠습니다. 오늘은

전국이 맑다가 오후부터 흐려지겠습니다. 대구의 낮 기온이 20도까지 오르고 전국적으로 따뜻한 봄기운을 느낄 수 있겠습니다. 오늘 아침 서울의 최저 기온은 4도, 낮 최고 기온은 15도로 어제보다 기온이 조금 높겠습니다. 미세 먼지 농도는 전국적으로 '나쁨'이지만 강원도는 '보통'으로 예상됩니다.

내일은 우산을 준비하셔야겠습니다. 전국이 흐리고 곳곳에 봄비가 내리겠습니다. 강원도와 제주도는 새벽부터, 그 밖의 지역은 낮부터 비가 내릴 것으로 예상됩니다. 남부 지방에는 안개가 끼는 곳도 있으니 교통안전에 유의하시기 바랍니다.

이번 주 내내 일교차가 크고 미세 먼지 농도가 높으니 건강에 주의하시기 바랍니다. 지금까지 기상 센터에서 알려 드렸습니다.

8과 부상·질병

미리 듣기 08-3

여 현대인들은 다양한 소음 속에서 살고 있습니다. 이 때문에 난청과 같은 귀 질환을 가진 환자가 늘고 있습니다. 난청은 소리가 작게 들리거나 안 들리는 상태를 말합니다. 예전에는 난청이 주로 노인들에게 나타났는데, 최근에는 젊은 사람들에게도 많이 나타나고 있다고 합니다. 이국민 기자의 보도입니다.

듣기 08-4

간토야 알렉세이, 음악 소리가 너무 큰 거 아니야? 소리가 나한테까지 들려.

알렉세이 별로 안 커. 자, 들어 봐.

간토야 너무 커. 왜 이렇게 소리를 크게 하고 들어?

알렉세이 난 별로 안 큰 것 같은데.

간토야 너 혹시 소음 난청이 있는 거 아니야?

알렉세이 소음 난청? 그게 뭔데?

간토야 작은 소리를 잘 못 듣는 증상이야.

알렉세이 난 처음 듣는 얘긴데.

간토야 요즘 사람들이 이어폰을 많이 끼고 다니잖아. 대중교통을 이용할 때나 주변이 시끄러울 때 소리를 높이게 되고, 계속 그렇게 듣다가 귀에 문제가 생긴다는 거지.

알렉세이 다른 사람들도 이 정도로 듣지 않나? 근데 그런 얘기를 어디서 들었어?

간토야 요즘 뉴스에 자주 나오더라고.

알렉세이 난 괜찮아. 소리 들을 때 전혀 문제가 없거든.

간토야 소음 난청은 처음에는 별다른 증상이 없어서 잘 모르지만, 시간이 갈수록 증상이 조금씩 심해진다고 해.

알렉세이 그래? 그럼 소음 난청이 생긴 건 어떻게 알 수 있어?

간토야 평소에 대화할 때 상대방 말이 잘 안 들려서 자꾸 되물은 적이 있는지 생각해 봐.

알렉세이 음, 네 얘기를 들으니까 좀 그런 것 같기도 하다. 집에서 TV 볼 때도 가족들이 소리를 줄이라는 말을 자주 했어.

간토야 그것 봐. 벌써 귀에 문제가 생겼을지도 몰라.

알렉세이 그럼 어떡해? 이어폰을 끼면 안 된다는 거야?

간토야 이어폰을 너무 오래 끼지 말고 소리를 좀 작게 해서 들어. 그리고 혹시 모르니까 병원 가서 검사 한번 받아 보는 게 어때?

모범 답안

1과 학교생활 1

어휘·표현

1. ① 반갑다 ② 다행이다 ③ 궁금하다 ④ 어색하다
   ⑤ 긴장되다
2. ① 개강일 ② 중간시험 ③ 수료식
3. ① 행사 ② 일시 ③ 준비물 ④ 기간
   ⑤ 서류
4. ① 필기하다 ② 물어보다 ③ 확인하다 ④ 참여하다

미리 듣기

1) 학생 식당의 오늘 메뉴와 정보에 대해 알려 주었다.
2) 같이 식당에 가서 점심을 먹을 것이다.

듣기

1. 1) 마키 – 이사했다, 장핑 – 고향에 다녀왔다
   2) ① 마키 • • 아르바이트 정보
      ② 장핑 • • 통학 버스 정보
2. 1) × 2) ○ 3) ○ 4) ○ 5) ○
3. 1) 전에 같은 반에서 공부해서 아는 사이이다.
   2) 무료이고 편하다.
   3) 학교 정문으로 나가서 횡단보도 건너편 쪽에서 탄다.
   4) 사무실에 가서 서류를 작성해야 한다.

미리 읽기

1) 이리나 – 교실에서 러시아어로 이야기한 적이 많았다.
   카오루 – 지각을 자주 했다.
2) 이리나 – 교실에서 한국어로만 이야기하려고 노력해야겠다.
   카오루 – 친구에게 모닝콜을 부탁해서 일찍 일어나야겠다.

읽기

1. 1) 학교에 가는 첫날 느낀 기분, 만난 사람들, 앞으로의 다짐에 대해 썼다.
   2) ① 간토야 • • 목소리가 밝다
      ② 마키 • • 귀엽고 친절하다
      ③ 선생님 • • 성실하다
2. 1) × 2) ○ 3) ○ 4) ×
3. 1) 새 친구들이 궁금하고 긴장되었다.
   2) 성실한 친구라고 생각한다.
   3) 그때는 공부도 열심히 하면서 즐겁게 생활했는데, 지금은 한국 생활에 익숙해져서 처음보다 조금 게을러진 것 같다.
   4) 오늘부터는 다시 열심히 공부해야겠다고 다짐했다.

2과 일상생활

어휘·표현

1. ① 앞머리를 자르다 ② 머리를 자르다
   ③ 머리를 다듬다 ④ 염색하다 ⑤ 파마하다
   ⑥ 드라이하다
2. ① 접수대 ② 직원 ③ 회원 ④ 운동 기구
   ⑤ 탈의실 ⑥ 샤워실
   ① 문의하다 ② 등록하다 ③ 안내하다 ④ 갈아입다
   ⑤ 사용하다
3. ① 메뉴가 독특하다 ② 가격이 저렴하다
   ③ 경치가 좋다 ④ 자리가 편안하다

미리 듣기

1) 운동
2) 학교 앞 헬스클럽에 직접 가서 알아본다.

듣기

1. 1) 헬스클럽 등록
   2) ① 5만 원 ② 12만 원 ③ 방송 댄스 ④ 무료
2. 1) × 2) × 3) ○ 4) ×
3. 1) 깨끗하고 좋다.
   2) 회원들이 무료로 들을 수 있는 수업이다. 요가와 방송 댄스가 있다.
   3) K-pop에 맞춰 춤을 추는 수업이다.
   4) 친구가 바빠서 오늘은 혼자 왔기 때문이다.

미리 읽기

1) 예쁜 케이크와 맛있는 커피가 있다. 귀여운 너구리가 있다.

읽기

1. 1) 한국의 특별한 카페
   2) ① 강아지 카페
      ② 커피를 마시면서 독서를 할 수 있는 카페
      ③ 보드게임 카페 - 저렴한 가격에 보드게임을 즐길 수 있는 카페
2. 1) ○　　2) ×　　3) ×　　4) ○
3. 1) 강아지들과 함께 시간을 보낼 수 있다. 강아지에게 직접 간식을 주거나 함께 장난을 치면서 놀 수 있다.
   2) 혼자 앉아서 책을 읽고 공부할 수 있는 자리, 바깥 경치를 한눈에 볼 수 있는 창가 자리, 친구와 이야기를 나눌 수 있는 자리가 있다.
   3) 친구들과 함께 웃고 떠들면서 게임을 즐기고 싶은 사람이 가면 좋다.
   4) 직원에게 물어보면 된다.

3과 집

어휘·표현

1. ① 현관　② 거실　③ 침실　④ 욕실
   ⑤ 부엌　⑥ 서재
3. ① 둘러보다　② 싸다　③ 옮기다　④ 정리하다

미리 듣기

1) 대화 ① (나)　　대화 ② (가)
2) ① 뭘 이렇게 많이 준비하셨어요? 잘 먹겠습니다.
   ② 어서 오세요. 오는 데 힘들지 않으셨어요?

듣기

1. 1) 한국 친구의 집들이 선물과 한국 사람 집에 갈 때 특별히 주의할 점, 집들이에 가서 하는 일에 대해 질문했다.
   2) 두루마리 휴지나 세제를 사 가면 좋다.
2. 1) ×　　2) ×　　3) ○　　4) ○　　5) ×
3. 1) 새집에서 모든 일이 휴지처럼 잘 풀리라고 휴지를 사 간다.
   2) 행복한 일들이 많이 생기라고 세제를 사 간다.
   3) 다른 사람 집에 맨발로 들어가는 건 실례니까 양말을 신고 가는 게 좋다고 했다.
   4) 집 구경도 하고 결혼사진도 보고 맛있는 음식도 먹는다.

읽기

1. 1) 국민대학교 후문 앞에 있는 큰 한옥인데 현재 한국의 전통문화를 배우거나 체험하는 장소로 사용되고 있다.
   2) 한옥은 남자와 여자가 생활하는 곳이 달랐으며 한국의 자연과 잘 어울리고 그 안에 살면서 자연을 즐길 수 있다는 특징이 있다.
2. 1) ○　　2) ×　　3) ○　　4) ×
3. 1) 조선 시대 때 양반의 집이었다.
   2) 사랑채에서는 남자들이 손님이 오면 차를 대접하거나 자녀들에게 공부를 가르쳤다.
   3) 부엌과 안방이 있다.
   4) 안채에서는 여자들이 살림을 하고 가족의 큰 행사를 준비하며 아이들을 키웠다.
   5) 정자는 큰 한옥에 있으며 정자의 문을 모두 열면 경치가 아주 아름답게 보인다. 옛날 사람들은 정자에서 아름다운 경치를 보면서 편안한 시간을 가졌다.

4과 문제 해결

어휘·표현

1. 1) ① 전원을 끄다, 화면이 (안) 나오다
      ② 전원을 켜다/끄다, 버튼을 누르다
      ③ 배터리가 닳다, 충전을 하다/충전이 되다

미리 듣기

1) 대화 1
   대화 2

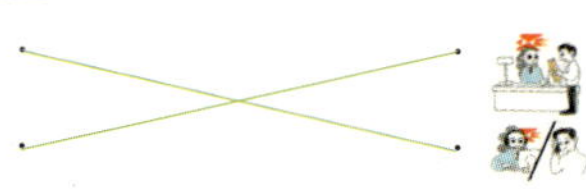

2)

	남자가 보내려는 물건은 무엇입니까?	어떤 방법으로 보내려고 합니까?
대화 1	책	우체국 택배
대화 2	중요한 서류	우체국 등기

듣기

1. 1) 등기 우편물을 받는 것에 대해 이야기하고 있다.
   2) 학교 수업 중이어서 우편물을 받을 수 없다.
2. 1) ×　　2) ×　　3) ○　　4) ○
3. 1) ① 문 앞에 놔 주세요.

② 오후에 다시 와 주세요.

③ 옆집 친구에게 우편물을 맡겨 주세요.

2) 이 우편물은 등기여서 본인이 직접 받아야 한다. 지역마다 정해진 시간이 있어서 시간을 변경하는 것은 어렵다.

3) 신분증을 가지고 성북 우체국으로 가야 한다.

활동

① 성북 우체국　② 13일(토)　③ 신분증

미리 읽기

2) ② 배송 조회　3) ⑤ 교환 요청　4) ③ 환불 요청

5) ④ 구매 확정

읽기

1. 1) 인터넷으로 구매한 상품에 문제가 있기 때문이다.

2)

	구매 물품	문제 상황
고객1	책	표지가 찢어져 있다
고객2	향수	향수병이 깨져서 향수가 반 이상 쏟아졌다
고객3	바지와 벨트	세트 상품인데 바지만 있고 벨트는 안 들어 있다

2. 1) ×　2) ○　3) ○　4) ×

3. 1) 교환 요청 후 택배로 보내야 한다.

2) 여자 친구의 크리스마스 선물로 주문한 건데 교환을 하면 상품을 크리스마스 전에 받을 수 없을 것 같다.

3) 벨트만 따로 보내 주는 것인지, 아니면 바지를 돌려보낸 후에 새 상품을 다시 받아야 하는 것인지 알고 싶다.

5과 여가

어휘·표현

2. 1) ② 관람　③ 관광　④ 휴식

3. 3) ① 대여료　② 체크인　③ 체크아웃　④ 주의 사항

미리 듣기

1) 한강에 놀러 가서 캠핑을 하기로 했다.

2) 텐트와 캠핑 장비를 빌릴 수 있는지 문의할 것 같다.

듣기

1. 1) 캠핑장 이용에 대해 문의하려고 전화했다.

2)

캠핑 인원수	여덟 명
대형 텐트 대여료	오만 원
바비큐 장비 대여료	테이블당 이만 팔천 원

2. 1) ×　2) ×　3) ○　4) ○

3. 1) 텐트와 바비큐 장비를 빌릴 수 있는지, 대여료는 얼마인지, 캠핑장은 몇 시부터 이용할 수 있는지, 캠핑장 안에서 자전거를 탈 수 있는지 문의했다.

2) 캠핑장에서 텐트와 장비를 대여하면 된다.

3) 오전 열 시 삼십 분부터 다음 날 오전 아홉 시 삼십 분까지이다.

4) 안전사고가 생길 수 있기 때문에 자전거를 탈 수 없다.

미리 읽기

1) 2019년 3월 20일부터 10월 28일까지 매주 금, 토, 일요일에 열린다.

2) 여의도 한강 공원, 반포 한강 공원, DDP(동대문 디자인 플라자), 청계천

읽기

1. 1) 맛있는 음식을 먹고 시장 구경을 했으며 친구와 같이 반지를 사서 꼈다. 그리고 한복 패션쇼를 관람했다.

2) 도깨비처럼 밤에 잠깐 열렸다가 없어지기 때문이다.

2. 1) ×　2) ×　3) ○　4) ○

3. 1) 도깨비는 춤과 노래, 놀이를 좋아하고, 주로 어두운 밤에 나타나서 손에 들고 있는 방망이로 요술을 부린다.

2) 맛있는 음식을 많이 먹고 친구와 함께 시장 구경도 하고 반지도 샀다.

3) 한복 패션쇼였는데 한복의 색깔과 디자인이 아주 예뻤다. 그리고 일상생활에서 편안하게 활동할 수 있는 디자인으로 만들었다고 했다.

4) 서울은 굉장히 활기차고 밤에도 잠들지 않으며 문화가 있는 도시로 생각한다.

6과 건강

어휘·표현

1. ① 식습관 ② 수면 습관 ③ 운동 습관

좋은 습관	골고루 먹다, 식사를 챙기다, 숙면을 취하다, 꾸준히 운동하다, 체중을 관리하다, 금연하다
나쁜 습관	편식하다, 과식하다, 식사를 거르다, 잠을 설치다, 잠이 부족하다, 불면증이 있다, 운동이 부족하다, 흡연하다, 과음하다

3. ① 어깨 ② 손목 ③ 무릎 ④ 손가락 ⑤ 등 ⑥ 허리

미리 듣기

1) 명상을 한다.
2) 기분 전환에 도움이 된다.
3) 부정적인 생각이 줄어든다.
4) 실천하기가 쉽지 않다.
5) 봉사 활동을 한다.

듣기

1. 1) 정신 건강
   2) ① 운동을 하는 것
      ② 명상을 하는 것
      ③ 사람들과 자주 만나는 것
      ④ 시간을 의미 있게 보내는 것
2. 1) × 2) ○ 3) × 4) ×
3. 1) 혈액 순환이 좋아지고 기분 전환에도 도움이 된다.
   2) 틈틈이 숨을 깊게 세 번 쉰다.
   3) 취미 활동, 봉사 활동 등이 있다.

미리 읽기

1) 건강
2) 적당한 운동, 충분한 휴식, 규칙적인 식사

읽기

1. 1)

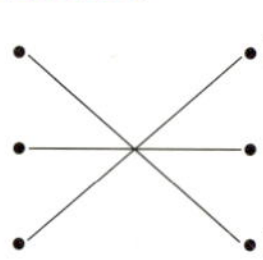

피터
주드
미나

2. 1) × 2) ○ 3) × 4) ×

3.

피터	• 스트레스를 풀기 위해 운동을 한다. • 영양제를 챙겨 먹는다. • 여가 시간을 즐긴다.	• 늦게까지 야근을 한다. • 스트레스를 많이 받는다. • 바쁠 때 식사를 거른다.
주드	• 건강에 좋은 음식을 만들어 먹는다. • 편식하지 않고 음식을 골고루 먹는다. • 날씨가 좋은 날에 자전거를 타러 간다. • 친구들과 어울리는 것을 좋아한다.	• 자주 늦잠을 자고 아침을 거른다. • 친구를 만나면 늦게까지 술을 마신다.
미나	• 세 끼를 챙겨 먹으려고 노력한다. • 자기 전에 명상을 한다. • 여가 시간에 휴식을 취한다.	• 바빠서 운동을 거의 못 한다. • 즉석식품을 자주 먹는다.

7과 날씨

어휘·표현

2. 1) ① 시작되다, 계속되다 ② 오다, 찾아오다
      ③ 내리다, 쏟아지다
   2) ① 습하다 ② 건조하다 ③ 폭우
      ④ 일교차
3. 1) ① 영상 ② 영하 ③ 최저 기온
      ④ 최고 기온
   2) ① 북부 지방 ② 남부 지방 ③ 경기도
      ④ 강원도

미리 듣기

1) ① 5 ② 2
2) ① 전국 – 흐림 □ ② 남부 지방 – 비 □

듣기

1. 1) 봄　　2) 우산
2. 1) ×　　2) ○　　3) ○　　4) ○
3. 1) 맑다가 오후부터 흐려질 것이다.
   2) 대구의 낮 기온이 20도까지 오르고 서울의 최저 기온은 4도, 낮 최고 기온은 15도로 어제보다 기온이 조금 높을 것이다.
   3) 전국적으로 '나쁨'이지만 강원도는 '보통'으로 예상된다.
   4) 전국이 흐리고 곳곳에 봄비가 내릴 것이다.
   5) 이번 주 내내 일교차가 크고 미세 먼지 농도가 높을 것이다.

미리 읽기

1) 날씨가 안 좋으면 위험할 수 있기 때문에 문자로 조심하라고 알려 주는 것이다.
2) ① 어린이, 노약자는 외출을 자제하고 물을 충분히 마시기 바란다고 안내했다.
   ② 어린이, 노약자는 외출을 자제하고 빙판길을 조심하시기 바란다고 안내했다.

읽기

1. 1) 미세 먼지　　2) 인터넷
2. 1) ○　　2) ×　　3) ○　　4) ○
3. 1) 안전 안내 문자를 받았는데 미세 먼지가 무엇인지 몰라서 검색을 했다.
   2) 코나 입으로 우리 몸에 들어와 건강에 좋지 않은 영향을 준다.
   3) 가능하면 외출을 자제하는 것이 좋으며 외출할 때는 마스크를 쓰는 것이 좋다.
   4) 기상청 홈페이지 또는 미세 먼지 어플리케이션(APP)에서 확인할 수 있다.

8과 부상·질병

어휘·표현

2. • ① 통증이 심하다　　② 가렵다
   ③ 피가 나다　　④ 멍이 들다
   • ① 무릎이 까지다 – 멍이 들고 피가 나다 – 소독 후 밴드를 붙이다
   ② 발목을 삐다 – 붓고 통증이 있다 – 파스를 붙이다
   ③ 손을 데다 – 물집이 생기다 – 화상 연고를 바르다
4. • ① 엑스레이를 찍다　　② 진찰을 받다
   ③ 붕대를 감다　　④ 검사를 받다
   • ① 두드러기가 나다 – 몸이 가렵다 – 피부 연고를 바르다
   ② 독감에 걸리다 – 열이 나고 춥다 – 약을 먹고 푹 쉬다
   ③ 눈병에 걸리다 – 눈이 빨개지고 아프다 – 검사를 받고 안약을 넣다

미리 듣기

1. 소리가 작게 들리거나 안 들리는 상태
2. 노인, 젊은 사람

듣기

1. 1) 소음 난청　2) ① 이어폰을 낀 ② 소리를 높이게
2. 1) ○　　2) ×　　3) ○　　4) ×
3. 1) 대중교통을 이용하거나 주변이 시끄러울 때 소리를 크게 듣다가 생길 수 있다.
   2) 평소에 대화할 때 상대방의 말이 잘 안 들려서 자꾸 되물으면 소음 난청일 수 있다.
   3) 이어폰을 너무 오래 끼지 말고 소리를 작게 해서 들어야 하며 병원에 가서 검사를 받으라고 조언했다.

미리 읽기

1) ① 조리 ② 끓여서 ③ 익혀서 ④ 위생　　2) 식중독

읽기

1. 1) 사계절 모두 걸릴 수 있다.
   2) ① 끓여 먹기 ② 익혀 먹기 ③ 손 씻기
2. 1) ○　　2) ×　　3) ○　　4) ×
3. 1) 온도와 습도가 높으면 세균이 잘 자랄 수 있다. 또한 기온이 높지 않아도 음식물 관리와 위생에 소홀하면 식중독에 걸릴 수 있다.
   2) 복통이나 설사 등의 증상이 나타난다.
   3) 손을 깨끗이 씻는다.
   식재료와 조리 기구를 깨끗이 씻는다.
   고기류와 채소류의 조리 기구를 따로 사용한다.
   4) 30초 동안 손을 깨끗하게 씻으면 우리 손안에 있는 약 6만 마리 이상의 세균을 없앨 수 있을 뿐만 아니라 많은 질병을 예방할 수 있기 때문이다.

쓰기 답안

쓰기 1

알아보기

4. 1) ② 투이 씨는 한국 사람이 아니다.
   ③ 우리 가족을 소개하겠다.
   ④ 어제는 옷과 신발을 샀다.
   ⑤ 한국 음식은 매우 맛있다.
   ⑥ 여기는 별로 춥지 않다.
   ⑦ 바트는 운동하는 것을 좋아하지 않는다.
   ⑧ 나는 길음역 근처에 산다.
   ⑨ 친구에게 전화를 할 것이다.
   ⑩ 그 사람은 책을 무척 많이 읽는다.
   2) 나는 쇼핑하는 것을 무척 좋아한다. 그래서 자주 쇼핑하러 가는 편이다. 어제도 친구와 같이 명동에 가서 쇼핑을 했다. 사고 싶은 옷이 있었는데 조금 비쌌다. 그래서 가방과 모자만 사서 왔다. 그런데 집에 오니까 그 옷이 계속 생각난다. 내일 다시 가서 사야겠다.

쓰기 2

알아보기

3. 1) 그래서 2) 그러니까 3) 그런데 4) 하지만 5) 그래도
   2) 주말에는 교통이 복잡하니까 일찍 출발합시다.
   3) 간토야 씨가 이번 시험을 아주 잘 봤다고 했는데 왜 장학금을 못 받았을까요?
   4) 저는 제프리 씨가 여자 친구가 있는지 궁금했지만 물어보지 못했어요.
   5) 운동을 좋아하지 않아도 건강을 위해서 매일 하려고 노력하고 있어요.

4. 1) 그리고 2) 그러나 3) 그런데 4) 그러므로
   1) 이 선생님은 잘 가르치시며 성격도 좋으시다.
   2) 그 남자는 합격하기 위해서 열심히 공부했으나 시험에 떨어졌다.
   3) 우리 고향은 날씨가 항상 추운데 이 지역은 일 년 내내 따뜻하다.
   4) 손이 더러우면 병에 걸리기 쉬우므로 손을 자주 씻는 것이 좋다.

쓰기 4

알아보기

3. 1) 체크인은 오후 1시 이후 가능함 / 체크인 오후 1시 이후 가능
   2) 객실 안에서 흡연할 수 없음 / 객실 내 흡연 불가
   3) 다음 날 조식은 미리 신청해야 함 / 다음 날 조식 미리 신청하기 / 다음 날 조식 미리 신청
   4) 퇴실 시 쓰레기 분리수거 하기 바람 / 퇴실 시 쓰레기 분리수거 하기 / 퇴실 시 쓰레기 분리수거

mp3 목록

타이틀	단원	단원 내용	쪽
01-1	**01과**	대화 1	23
01-2		대화 2	24
01-3		미리 듣기	26
01-4		듣기	26
01-5		발음	27
01-6		문법 3	28
02-1	**02과**	대화 1	39
02-2		대화 2	40
02-3		미리 듣기	42
02-4		듣기	42
02-5		발음	43
02-6		문법 3	44
03-1	**03과**	대화 1	59
03-2		대화 2	60
03-3		미리 듣기	62
03-4		듣기	62
03-5		발음	63
03-6		문법 3	64
04-1	**04과**	대화 1	75
04-2		대화 2	76
04-3		미리 듣기	78
04-4		듣기	78
04-5		발음	79
04-6		문법 3	80

타이틀	단원	단원 내용	쪽
05-1	**05과**	대화 1	95
05-2		대화 2	96
05-3		미리 듣기	98
05-4		듣기	98
05-5		발음	99
05-6		문법 3	100
06-1	**06과**	대화 1	111
06-2		대화 2	112
06-3		미리 듣기	114
06-4		듣기	115
06-5		발음	116
06-6		문법 3	117
07-1	**07과**	대화 1	133
07-2		대화 2	134
07-3		미리 듣기	136
07-4		듣기	137
07-5		발음	137
07-6		문법 3	138
08-1	**08과**	대화 1	149
08-2		대화 2	150
08-3		미리 듣기	152
08-4		듣기	152
08-5		발음	153
08-6		문법 3	154